Allan Guggenbühl

Hast du mal Zeit für einen Streit?

Wie Männer und Frauen fair miteinander streiten

HERDER

FREIBURG · BASEL · WIEN

Originalausgabe

Gedruckt auf umweltfreundlichem,
chlorfrei gebleichtem Papier

www.herder.de
Satz: Rudolf Kempf, Emmendingen
Herstellung: fgb · freiburger graphische betriebe 2004
www.fgb.de
Umschlaggestaltung und Konzeption:
R·M·E München / Roland Eschlbeck, Liana Tuchel
Umschlagmotiv: gettyimages / photonica
ISBN 3-451-28257-7

Inhalt

1 Das Problem des Streits zwischen Partnern

Ein Buch fliegt aus dem Fenster. Es flattert an uns vorbei, während aus dem Hintergrund das schrille Gekreisch einer Frau ertönt. Undeutlich können wir einzelne Wörter wie „immer", „gemein", „nie mehr" und ein paar wüste Beleidigungen heraushören. Offenbar streitet die Frau mit ihrem Mann. Ihn hört man jedoch kaum. Er scheint nur etwas vor sich hin zu brummen. Als meine Schwester und ich versuchen, einen Blick in das Haus zu werfen, kracht ein Bügeleisen durch die Fensterscheibe.

Unsere Nachbarn aus Puerto Rico stritten sich – mit karibischem Temperament. Eigentlich kannten wir sie als ein humorvolles, sich liebendes Paar. An diesem Morgen war aber die Laune offenbar nicht so gut. Für uns Kinder war es damals natürlich erst einmal ein Vergnügen, die Erwachsenen so außer sich zu erleben, sie schreien zu hören und zu sehen, dass sie sich offensichtlich nicht so benahmen, wie sie von uns verlangten. Aber wir fragten uns auch damals schon: Wie hatte sich das sonst immer freundliche Paar so sehr verwandelt?

Wenn wir mit einem Partner eine Beziehung beginnen, mit ihm zusammenziehen, in die Ferien fahren, ein Projekt anpacken oder die Verantwortung für Kinder teilen, dann suchen wir sicher erst einmal nicht nach Gelegenheiten zu streiten. Wir möchten unser Leben mit einem Menschen teilen, den wir lieben, uns gemeinsamen Herausforderungen stellen und einander beistehen.

Natürlich wissen wir alle, dass es auch schwierig werden kann, und sicher wird es auch zu Spannungen kommen. Meistens erklären wir souverän, dass Meinungsverschiedenheiten natürlich seien und unterschiedliche Standpunkte eine Bereicherung. Auseinandersetzungen, bei denen man sich anschreit, emotional heftig wird oder sich sogar mit Bügeleisen bewirft, sind jedoch nicht vorgesehen. Bei uns ist es anders – so lautet die feste Überzeugung der überwiegenden Mehrheit der Paare, die eine Beziehung begonnen haben.

Die Realität ist leider anders. Streitigkeiten, sogar wüste Auseinandersetzungen gehören leider auch zum Leben. Männer und Frauen schauen sich nicht nur gegenseitig bewundernd und voller Freude an, sondern führen auch heftige Fehden miteinander. Trotz bester Vorsätze kann eine Diskussion ausarten oder ein gemeinsames Projekt in einem Debakel enden. Auch wenn man anfänglich fest überzeugt ist, die große Ausnahme zu sein – irgendwann taucht der Dämon Streit auf und stört die Idylle. Zu partnerschaftlichen Auseinandersetzungen kommt es unabhängig von unseren Vorsätzen. Und will man dann nicht gleich die Flucht ergreifen, mit Tabuisierung reagieren oder wie gelähmt in Passivität verharren, dann bleibt einem nicht anders übrig, als sich dem Streit zu stellen.

Die Formen der Streitigkeiten sind vielfältig. Nicht jeder Streit wird mit Wurfgeschossen ausgefochten. Viele Paare streiten indirekt, sagen sich Gemeinheiten oder üben sich in Sticheleien, während andere sich in endlosen Disputen über Geld, die Kinder oder die Familie verlieren. Verbreitet ist auch der blockierte Konflikt: Die wohlanständige Fassade wird bewahrt, man tut, als wäre nichts, doch eigentlich findet ein ständiger Grabenkampf statt, und längst wäre ein erlösender offener Streit fällig. Und schließlich können Streitigkeiten leider auch in Gewalttätigkeit ausarten.

Meistens empfinden wir Streit als etwas Unangenehmes. Nur ganz wenige Menschen lieben es wirklich, in einer Beziehung zu streiten aus Furcht, den Partner oder sich selber zu quälen. Aber obwohl wir eigentlich diese Art des Umgangs miteinander ablehnen, obwohl wir darunter leiden und unsere Energien lieber für andere Dinge einsetzen möchten, werden wir doch immer wieder heftig und reagieren gereizt, wenn wir uns unverstanden und ungerecht behandelt fühlen. Und allzu oft ist der Konflikt dann wieder eskaliert, bevor wir uns dessen richtig bewusst geworden sind.

Das trügerische Selbstbild

„Wenn ich mit einem Mitmenschen nicht gleicher Meinung bin, dann versuche ich zuzuhören, mich in ihn hineinzufühlen und gemeinsam nach Lösungen zu suchen." „Ich streite nur, wenn ich wirklich provoziert werde." „Ich finde, Dialog und gegenseitiger Respekt sind wichtiger. Mit jemandem zu kämpfen ist keine Option." Fragen wir Menschen über ihre Ansichten zu Auseinandersetzungen, dann erfahren wir, dass die meisten Streit als Mittel der Auseinandersetzung ablehnen. Wenn wir uns selber beschreiben, dann stellen wir uns selber selten als streitsüchtig, schwierig oder als eine Herausforderung für die Umwelt dar. Das Bild, das wir von uns selbst entwerfen, enthält sicher auch negative Eigenschaften, doch meistens sind sie derart abgeschwächt, dass sie fast zu positiven Eigenschaften werden. Wir sagen von uns, dass wir hier und da gereizt sind, vor allem, wenn um uns herum Stress herrscht, oder geben zu, dass wir gelegentlich mit dem eigenen Geiz zu kämpfen haben. Wenn wir uns selber vorstellen oder in einem Freundeskreis persönliche Eigenschaften reflektieren, dann sind wir uns selber gegenüber eigenartig moderat. Uns selber verzeihen wir gerne, und selbstkritische Äußerungen werden einer strengen Zensur unterzogen. Nur scheinbar Kritisches ist erlaubt. „Sicher kommt es vor, dass ich wütend werde! Ich bin halt ein Perfektionist und ertrage es nicht, wenn andere lausig arbeiten," verkündet ein junger Mann im zweiten Lehrjahr. Seine Kollegen und Kolleginnen würden ihm jedoch nicht zustimmen. Er gilt nicht als Perfektionist, sondern als zwanghafter Besserwisser.

Im Laufe unserer persönlichen Geschichte entwickeln wir eine Vorstellung über uns selber. Wir erleben uns in Beziehungen, in der Arbeit, in der Familie und in herausfordernden Situation. Diese Erfahrungen verarbeiten wir und werten sie aus. Sie bilden die Grundlage unseres Selbstbildes, das sich aus den Eigenschaften, Fähigkeiten, Talente und Schwächen zusammensetzt, die wir uns zuschreiben. Wir definieren uns z. B. als sozial, offen, tolerant, ängstlich oder schüchtern. Die Attribute, die wir uns zuschreiben, untermauern wir mit Erinnerungen. „Als Jugendlicher liebte ich wilde Partys. Ich kann mich gut entsinnen, wie ich voll verladen morgens ins Haus meiner Eltern schlich und kaum mehr gehen konnte“, erzählt ein vierzigjähriger Sekundarschullehrer und Schrebergartenbesitzer, der damit eine Kollegin von seiner anarchischen Seite überzeugen will. Seine damaligen Kollegen haben ihn anders in Erinnerung: als ein Muttersöhnchen, das immer frühzeitig nach Hause eilte. Eine wichtige Begründung für Eigenschaften, die man sich selbst zuschreibt, ist die Stellung in der eigenen Familie. „Zu Hause wurde ich von meinen Schwestern und meinem Bruder immer in den Schatten gestellt. Meine Eltern hatten eigentlich nur für sie Zeit, und ich kam zu kurz! Darum will ich mich heute durchsetzen,“ klagt eine dreißigjährige Psychologin und begründet damit ihren Egoismus. Selbstbilder werden auch aufgrund von schlechten oder guten Beziehungserfahrungen gebildet. „Mein Ex hat mich immer angelogen. Er konnte mir ins Gesicht sehen und behaupten, er habe keine Affäre, obwohl das nicht stimmte. Heute bin ich grundsätzlich jedem Mann gegenüber misstrauisch!“

Das Selbstbild ist eine wichtige Komponente unserer Persönlichkeit. Es ist der Spiegel, den wir uns selber vorhalten und der uns bei Entscheidungen und in Krisen beeinflusst. Wie eine „persönliche Gebrauchsanleitung“ bildet es die Grundlage für unsere Lebensführung. Kontaktinserate oder Bewerbungsgespräche sind typische Beispiele für Situationen, in denen es darum geht, ein Selbstbild mitzuteilen: Offen, tolerant, ehrlich, treu, humorvoll wollen wir sein, wenn wir einen Partner oder eine Partnerin suchen, verantwortungsbewusst und einsatzfreudig, wenn wir uns um eine Stelle bewerben. Wir reflektieren über uns selbst in Gesprächen mit Freunden, im Tagebuch oder beim Psychologen oder Psychiater.

Das Problem mit dem Selbstbild ist jedoch, dass es meistens *nicht ganz stimmt*. Natürlich wird in Kontaktinseraten und Interviews beschönigt, doch auch die Eigenschaften, die wir uns zuschreiben, wenn wir im stillen Kämmerlein über uns nachdenken, entsprechen unserer Persönlichkeit immer nur teilweise. Meistens hält unser Selbstbild einer kritischen Analyse nicht stand. Unsere Gesamtpersönlichkeit, die unser Bewusstsein, unser Unterbewusstsein, unsere Triebe und unseren Schatten umfasst, wird nur partiell wiedergegeben. Was wir an uns als Kerneigenschaften identifiziert haben, sind oft marginale Merkmale, und viele Seiten unserer Persönlichkeit ignorieren wir einfach. Unseren unbewussten Schatten zu erkennen ist immer schwer. Auch wenn wir uns große Mühe geben und objektiv bleiben möchten – wir sehen uns in einem verzerrten Licht. Unsere Mitmenschen identifizieren andere Eigenschaften und umreißen ein anderes Persönlichkeitsprofil, als wir uns selber zuschreiben. Das alles bedeutet aber meistens nicht, dass wir uns selber und unsere Umgebung belügen wollten, sondern es gibt psychologische Gründe, wieso es für uns so schwer ist, uns selbst angemessen zu erfassen.

Die Vergangenheit, die wir angeblich gehabt haben, ist nicht das Resultat einer objektiven Bestandsaufnahme, sondern eine konstruierte Erzählung, ein Narrativ. Unser Gedächtnis wählt subjektiv und willkürlich aus und speichert sogar nicht tatsächliche Ereignisse, und es konstruiert immer wieder neue Erinnerungen und Geschichten. Auch wenn wir überzeugt sind, uns an Tatsachen zu erinnern, kann es sich um einseitige oder falsche

Interpretationen oder gar um Fiktionen handeln. Wir können *absolut sicher* sein, als Jugendliche „wilde Partys" veranstaltet zu haben oder von den Eltern vernachlässigt worden zu sein, und uns trotzdem täuschen. Und auch Erzählungen von Mitmenschen werden mit konkreten anschaulichen Zügen ausgestattet und in das persönliche Narrativ unserer Lebensgeschichte integriert. So kann es sein, dass man die wilden Partys nicht selber erlebt hat, sondern der Bruder oder ein Freund. Haben wir keine äußeren Beweise oder Vergleiche, dann ist es absolut unmöglich, zu unterschieden, ob es sich um eine eigene Erinnerungen oder eine Fremderinnerung handelt. Wir können die Quelle nicht mehr identifizieren und deshalb nicht mehr feststellen, ob die Vergangenheit, die wir im Kopf haben, uns nicht in Wirklichkeit anlügt.

Auch den Aussagen unserer Freunde und Kollegen gegenüber müssen wir skeptisch sein. Wenn ein Freund mir bestätigt, ich sei ein „absolut großzügiger Mensch", dann kann das durchaus stimmen; es ist jedoch auch möglich, dass die Aussage im Rahmen der Beziehung eine andere Bedeutung hat. Vielleicht möchte er, dass er von mir eingeladen wird, vielleicht möchte er mir schmeicheln oder überträgt seine eigene Generosität auf mich. Wenn wir von den uns nahe stehenden Menschen Lob oder Kritik erfahren, handelt es sich also auch nicht unbedingt um objektive Feedbacks, sondern oft ist der Zweck wichtiger, den sie innerhalb der Beziehung erfüllen. „Meine Kollegen fanden, ich sei schon ein besonderer Kauz", erzählte mir ein Kollege nach einer Beizentour und lachte stolz. Was er nicht realisierte, war, dass die Umgebung spürt, was er hören möchte. Ihn dürstet nach Lob, also tut man ihm den Gefallen. Er sieht sich gerne als Original. Durch seine Kleidung und sein Gehabe möchte er kundtun, dass er nicht so wie alle anderen ist. Da er sich im direkten Kontakt nicht sehr spontan und wenig zugänglich verhält, versucht die Umgebung über Lob mit ihm in Kontakt zu kommen. Ob er wirklich einen kauzigen Charakter hat, ist offen. Er reagiert jedenfalls positiv, wenn man ihm schrulliges Äußeres und Benehmen attestiert. Oft spielen auch taktische Gründe eine Rolle, wir alle richten uns ja nach den Regeln der sozialen Akzeptanz. Einem Lehrer oder Chef bestätigt man aus rein taktischen Gründen, dass er sehr gescheit sei, ebenso wie wir einer Arbeitskollegin nicht ins Gesicht sagen, dass wir ihr Aussehen eigentlich ziemlich durchschnittlich finden.

Da wir in der Regel nicht als Eremiten leben, ist es uns wichtig, was andere von uns denken. Wir möchten nicht ausgeschlossen sein. Unbewusst identifizieren wir uns mit Eigenschaften, die sozial akzeptiert sind. Wir wollen uns so sehen, wie die Gesellschaft oder unser sozialer Kreis es wünscht. Eigenschaften, die dem aktuellen Kulturkanon widersprechen, werden nicht erkannt oder verleugnet. Wir stimmen uns mit unserer Selbstbeschreibung in kollektive Bilder und in den herrschenden öffentlichen Diskurs ein. Ein hohes „Loyalitätsgefühl" und „Duldsamkeit" sah man noch vor siebzig Jahren als erwünschte Eigenschaften an, und eine Frau konnte sich einem Mann als „umsorgend", „häuslich" und „folgsam" empfehlen. Solche Eigenschaften sind heute nicht mehr in Mode, und deshalb kommen sie im Selbstbild heutiger Menschen auch nicht mehr oft vor. Und je höher unser Anpassungsbedürfnis ist, desto größer ist dann auch die Wahrscheinlichkeit, dass wir unbewusst Tatsachen manipulieren.[1]

Unser Selbstbild ist auch einseitig, weil wir nicht zu viele negative Eigenschaften zulassen können. Problematische, sozial geächtete oder verpönte Eigenschaften werden automatisch ausgeblendet. Eine persönliche Neigung zu Gewalt, eine frauenfeindliche Seite, pädophile Neigungen oder eine Kleptomanie verschweigen wir auch vor uns selber. Das Selbstbild hat ja die Aufgabe, uns ein Leben mit uns selber zu ermöglichen. Wir schreiben uns Eigenschaften und Fähigkeiten zu, die mit unserem bewussten Standpunkt verträglich sind, und was wir persönlich nicht ertragen, muss aus psychohygienischen Gründen ausgeschlossen werden. Wenn wir uns eingestehen müssten, dass wir ein Versager, ein nicht sehr liebenswerter Mensch oder ein Schmarotzer sind, dann könnte dies eine Krise auslösen. In unser Selbstbild aufgenommen werden daher nur stark abgeschwächte Versionen unserer problematischen Eigenschaften.

Manchmal tragen sogar Psychotherapien nicht viel zur Klärung eines objektiven Selbstbildes bei. Es kommt vor, dass der Psychotherapeut seine Therapiemethode beweisen möchte und dazu einen ungeschriebenen Pakt mit dem Patienten eingeht, der Kritik außen vor lässt. Der Klient sucht Hilfe, hat jedoch gleichzeitig auch den Wunsch, sich reinzuwaschen. Insgeheim wünscht er sich, dass der Therapeut ihm bestätigt, dass die Umwelt, seine Mitmenschen oder seine Kindheit für sein Leiden verantwortlich sind. Es erfordert große Unabhängigkeit und Professionalität, als Therapeut nicht dieser Versuchung zu verfallen.

Weil unser Selbstbild nicht unsere Gesamtpersönlichkeit umfasst, ist es auch nicht einfach, unsere Einstellung zu Streit und Auseinandersetzungen herauszufinden. Der natürliche Selbsttäuschungsprozess lässt Einsichten, die nicht unserer Vorstellung von uns selbst entsprechen, nicht zu. Wenn wir also vehement behaupten, wir lehnten Streit ab, seien nicht gemein zu unserem Partner und wüssten, wann man aufhören muss, dann kann das stimmen, es kann jedoch ebenso gut eine grandiose Selbsttäuschung sein. Wenn wir uns also im Ernst mit dem Thema „Streit zwischen Mann und Frau“ befassen wollen, dann ist es als Erstes sehr wichtig, dass wir nicht jeden unangenehmen Gedanken sofort von uns weisen. Sind wir vielleicht gar nicht so friedliebend und ehrlich? Haben wir vielleicht auch eine verlogene, hässliche und hinterhältige Seite? Und auch wie unsere Einstellung zum Streiten überhaupt wirklich ist, wissen wir vielleicht gar nicht so genau.

Kinder, Treue, Geld: Anlässe zum Streit

„Dein Kaufverhalten ist unmöglich, du kannst doch nicht jedes Mal mit neuen Kleidern nach Hause kommen!" – „Jedes Mal, wenn ich etwas bei den Kindern durchsetze, dann machst du mir einen Strich durch die Rechnung, du willst immer der Großzügige und Coole sein!" – „Ich will nicht in die Berge und wandern, wie es dein Vater immer gemacht hat! Hier zu Hause ist es viel schöner!" Interessant sind die Themen, über die in Paarbeziehungen gestritten wird. Subjektiv haben Paare meist das Gefühl, dass es sich um eine Vielfalt verschiedener Themen und Herausforderungen handelt. Betrachtet man jedoch die Situation von außen, dann sieht es anders aus: Oft kommt es immer wieder wegen derselben Sachen zum Streit. Bei den meisten Paaren gibt es typische Themen, an denen man sich immer wieder reibt.

Gestritten wird häufig um *Geld*. Die Zeiten des Haushaltsgeldes oder der Lohntüte am Ende der Woche sind zwar vorbei. Bei der Mehrzahl der Paare wird das Geld *gemeinsam* verdient, verwaltet und ausgegeben, oder jedenfalls sind die Verhältnisse, was das Geld betrifft, komplexer als früher. Auch dank eigenen Einkünften und Reserven sind die Frauen den Männern heute weniger ausgeliefert als früher. Herrschaft durch Geld ist schwieriger, wo es nicht mehr nur durch einen von beiden verwaltet wird. Geld ist vielmehr ein Thema, dem sich das Paar gemeinsam widmen muss und worüber geredet werden muss, freilich ein sensibles Thema. Wenn nicht strikt getrennte Kassen geführt werden, dann wird es zu einer Herausforderung in der Paarbeziehung. Wenn keine Spannungen vorherrschen, dann werden Geldangelegenheiten meist rasch und problemlos erledigt. Bei Krisen oder Streitigkeiten jedoch können Geldfragen schnell in den Vordergrund rücken, und die frühere Gelassenheit im Umgang mit diesem Thema geht leicht verloren.

Dabei kommt es nicht so sehr auf den Betrag an. Wer wen einlädt, wer für den Kaffee oder das Essen im Restaurant zahlt, kann zu einem Streitpunkt werden. Am Anfang einer Beziehung spielt so etwas meist keine Rolle, Verliebtheit macht spendierfreudig und großzügig. Der Geiz übernimmt das Zepter erst mit der Zeit. Dann fallen auch Kleinigkeiten auf. Der Mann bemerkt, dass seine Freundin immer wieder das Portemonnaie vergisst, oder die Frau ärgert sich, weil ihr Freund einfach nicht merken will, dass er nun den Kollegen eine Runde zahlen müsste. Um etwas mehr geht es schon, wenn die Wahl des Ferienortes zur Debatte steht: Geht es auf die Malediven, nach Kreta, in den Schwarzwald oder zu einer Schwester, die ganz in der Nähe wohnt? Bei Reisen können wir uns leider nicht nur nach unseren Fantasien und Träumen richten, sondern die finanziellen Möglichkeiten setzen uns Grenzen. Die Diskussion bekommt eine andere Qualität, wenn die Ausgaben für die Ferien gegen andere Projekte oder Verpflichtungen abgewogen werden. „Leider müssen wir auf die Ferien in Portofino verzichten, weil ich dieses Jahr viel Geld in meinen Jaguar aus den Fünfzigerjahren stecken musste.“ Nicht jede Frau wird sich von einer solchen Sichtweise überzeugen lassen.

Beim Geld kommen doppelte, ja sogar multiple Buchhaltungen vor. Heimliche Konten, Depots, Anlagen und Transaktionen sind keine Seltenheit. Vielfach wird eine gewisse Unübersichtlichkeit bewusst gepflegt oder eine generelle Verachtung für pekuniäre Angelegenheit zur Schau getragen. Da man eine Kontrolle durch den Partner oder die Partnerin verhindern möchte, präsentiert man sich als leicht chaotisch. Oft wird auch handfest gelogen. Angeblich läuft das Geschäft sehr schlecht, die Einkünfte sind miserabel, und man muss sich halt nun nach der Decke strecken. Die Frau macht mit, verzichtet auf einen Spanischkurs und das Streichen der Wohnung, bis sie merkt, dass ihr Mann inzwischen eine Harley Davidson gekauft und eine Vergnügungsreise mit Kollegen nach Budapest gebucht hat! Oder eine Frau findet sich bereit, als Putzfrau zu arbeiten. Eigentlich hätte sie lieber an ihrer Karriere als Flötistin gearbeitet, doch die angeblichen finanziellen Schwierigkeiten zwingen sie, statt der Flöte den Staubsauger in die Hand zu nehmen. Nach zwei Jahren überraschte ihr Mann sie mit dem Vorschlag, ein Haus zu kaufen. Nun stellt sich heraus, dass er jahrelang heimlich Geld zur Seite gelegt hatte.

Geld hat viele Funktionen. Es repräsentiert nicht nur Arbeitsleistungen und materielle Werte, sondern ist auch ein *Symbol*. Es ist in gewisser Weise neutral und in allen Lebensbereichen präsent. Geld ist nicht gebunden an ein bestimmtes Territorium oder eine bestimmte Tätigkeit, sondern kann Grenzen überschreiten, ohne dass es seine Macht oder Energie verliert. Mit einer entsprechenden Summe in der Tasche kann ich großzügig shoppen gehen, mit demselben Geld könnte ich aber auch eine kleine Reise machen oder eine Versicherung abschließen. Geld lädt zum Fantasieren ein. Unsere Erwartungen, Hoffnungen und Wünsche geben dem Geld erst wirklich Bedeutung. Es ist ein Beweis für Energie, Macht, Einfluss und Erfolg, also viele der positiven Möglichkeiten, die wir uns vom Leben erwarten und erträumen. Geld zu besitzen bedeutet über Lebenspotential zu verfügen. Mit Geld können wir viele Wünsche erfüllen und auch auf unsere Mitmenschen Einfluss nehmen. Umgekehrt wird der, der viel Geld hat, von seiner Umwelt anders wahrgenommen. Millionäre werden in den Augen der anderen zu besonderen Menschen. Sie werden bewundert und geachtet, und oft macht Geld sogar sexy. Natürlich streiten wir das ab und behaupten, dass der Mensch immer im Zentrum steht und wir uns sicher nicht vom Reichtum beeinflussen lassen. Betrachtet man jedoch das Verhalten der Menschen, dann merkt man, dass es sich um Täuschungsrhetorik handelt. Der korrumpierenden Ausstrahlung von Reichtum können die wenigstens Menschen widerstehen.

Weil Geld ein psychologisch so stark besetztes Thema ist, verrät unser Umgang mit Geld viel über unseren Charakter. Wir können noch so sehr behaupten, das Materielle sei uns egal – wenn wir von einem Kollegen erwarten, dass er uns die zwei Euro für einen Kaffee wiedergibt, oder wenn wir nach einem gemeinsamen Essen mit Kollegen darauf bestehen, einen reduzierten Beitrag zu zahlen, da wir ja keinen Wein getrunken hätten, dann wissen wir, wie großzügig wir wirklich sind.

Wenn in Paarbeziehungen über Geldfragen gestritten wird, dann handelt es sich oft um versteckte *Wertediskussionen*. Letztlich geht es darum, was dem einen und dem andern wichtig ist. Soll das Geld für Essen, Vergnügen, Reisen, Versicherungen oder Geschenke ausgegeben werden? Oder wollen wir es in die Bildung investieren? Wir streiten vordergründig über das Geld, doch eigentlich geht es um die Frage der Lebensgestaltung und darum, wie viel von meinen Vorstellungen darüber ich gegenüber dem Partner oder der Partnerin durchsetzen kann. Teilt er oder sie die Fantasien, die ich über das Leben habe? Wenn jemand zum Beispiel noch eine Lebensversicherung abschließen will, dann heißt das, dass er oder sie bestimmte Vorstellungen und Fantasien für das Alter entwickelt hat. Wenn jemand Geld für einen Bootskauf einsetzen möchte, dann könnte dies ein Hinweis sein, dass er die Fantasie gemeinsamer Erlebnisse hat. Wer sich nicht um das Geld kümmert, signalisiert, dass er mit seinen Ressourcen nicht sorgfältig umgeht. Vielleicht lebt er oder sie in einer kindlichen Eigenwelt und möchte sich nicht durch realistische Verpflichtungen binden lassen, sondern einfach so in den Tag hinein leben. Die Art und Weise, wie wir mit Geld umgehen, verrät etwas über unsere innersten Neigungen. Streit über Geld ist darum oft eine stellvertretende Auseinandersetzung, bei der es um unsere grundsätzliche Einstellung dem Leben gegenüber geht.

Gestritten wird in Paarbeziehungen vor allem auch über *Treue*. Treue und Ehrlichkeit gehören in Paarbeziehungen zu den wichtigsten persönlichen Werten. Eine Beziehung zu haben bedeutet, jemandem zu vertrauen, sich auf sie oder ihn verlassen zu können und zu wissen, dass er oder sie nicht fremdgeht. Treue bedeutet, dass man zur Beziehung steht und die partnerschaftliche Gemeinschaft nicht aufgeben will. Wenn einer der Partner sich mit einer anderen Person in erotischer Absicht trifft oder sogar sexuelle Beziehungen zu ihr anknüpft, wird das als Vertrauensbruch erlebt. Untreue löst Krisen aus oder kann das Ende einer Partnerschaft bedeuten. Die Vorstellung von sexueller Freiheit und einer offenen Beziehung hat sich aus psychologischer Sicht als Irrtum erwiesen. Wenn Menschen wirklich aufeinander bezogen sind und ein gemeinsames Leben aufbauen möchten, dann wollen sie auch wissen, ob der eine wirklich für den anderen da ist.

Zu Beginn einer Beziehung, in der romantischen Phase, wenn man sich im siebten Himmel fühlt und das Gegenüber in rosaroten Farben sieht, ist Treue eine Selbstverständlichkeit. Die Frage wird während der Verliebtheitsphase nicht gestellt, sondern es dominiert das gegenseitige Sich-Erkunden, die Neugier, die Faszination und immer wieder der Wunsch, beim anderen zu sein. Der Treueschwur gehört zum Standardrepertoire jeder Liebeserklärung. Wird aus der Romanze eine Beziehung, kann sich die Situation ändern. Treue verliert, psychologisch gesehen, ihre Selbstverständlichkeit. Nach der Verliebtheitsphase bleibt niemand mehr ausschließlich romantisch-erotisch auf den Partner oder die Partnerin fixiert, sondern beginnt auch anderen Menschen wieder Libido und Interesse zuzuwenden. Oft nimmt man sich immer noch vor, treu zu sein, doch die Gefühle und Emotionen nehmen ihren eigenen Lauf. Das Unbewusste lässt sich nicht kontrollieren, und so kann es zu einem Flirt während einer Party kommen, man pflegt einen lockeren SMS-Kontakt oder hat einen erotischen Traum von einem anderen Mann. Die Erotik und das Interesse an Mitmenschen beschränken sich nicht nur auf den Partner oder die Partnerin. Meistens ist dies kein Problem. Wenn sich jedoch einer der Partner unsicher fühlt, wenn er fürchtet, verlassen zu werden, oder auch wenn er von seiner Persönlichkeitsstruktur her eifersüchtig ist oder dem Partner grundsätzlich nicht traut, dann beginnt Treue ein Thema zu werden. Die Worte und Handlungen des Partners oder der Partnerin werden hinterfragt, überprüft und genauesten analysiert. Wieso kommt er erst um acht Uhr heim, wenn die Sitzung doch schon um fünf Uhr zu Ende war? Wieso schreibt seine Kollegin am Schluss der Mail „viele Küsse“? Wieso antwortete nur ihr Anrufbeantworter, wenn ich sie um zwei Uhr morgens anrufe? Ist sie etwa noch nicht zu Hause? Wird Treue einmal zum Thema, dann ist nicht selten der Eifersucht, einer Kontrollsucht und wahnhaften Gedanken Tür und Tor geöffnet. Man durchsucht Aktenmappen nach verdächtigen Quittungen, kontrolliert die SMS auf dem Handy der Partnerin oder wirft heimlich einen Blick in ihr Tagebuch. So wird die Treuefrage zum Anlass vehementer und wüster Streitigkeiten. Souveräne Distanz, liberale Großzügigkeit und Toleranz sind verflogen. Es geht darum, das Schlimme zu entdecken, das man ja schon lange ahnt.

Das Problem der Treue ist, dass es sich um ein romantisches Ideal handelt. Fraglose Treue ist an den Zustand der Verliebtheit gebunden. Uns ganz und ausschließlich einer Person zu widmen, nur für sie da zu sein, das bleibt auf die Dauer eine Illusion. Die Libido geht eigene Wege. Dies heißt natürlich noch lange nicht, dass man *effektiv* untreu wird, doch nach der Verliebtheitsphase bedeutet Treue etwas anderes. Entscheidend ist, ob in einer Paarbeziehung der Schritt von der romantischen zur existentiellen Treue gelingt.

Die Frage der Treue kann sich *direkt* stellen, wenn er oder sie fürchtet, dass der Partner oder die Partnerin eine Romanze eingeht oder eine handfeste Affäre hat: Die Frau, die sich wegen heimlicher Telefonaten ärgert, oder der Mann, der sich nicht erklären kann, wieso seine Frau nach einer geschäftlichen Sitzung erst um Mitternacht nach Hause kommt und außerdem nichts erzählen will. Die Frage der Treue stellt sich aber oft auch indirekt. Die Frau wird zunehmend eifersüchtig auf die Vereinskollegen ihres Mannes oder sieht nicht ein, wieso er so viel Zeit im Musikstudio oder im Arbeitszimmer verbringt. Sie hat das Gefühl, seine Libido sei nicht mehr ausschließlich auf die Beziehung ausgerichtet. Männer neigen dazu, in die Arbeit, den Sport oder andere Hobbys auszuweichen, wenn die Beziehung zu erkalten beginnt. „Wieso muss er denn jedes Wochenende reiten?“, fragte sich eine Frau, als sie wieder einmal einen Sonntag allein verbringen musste. Auch Frauen stellen oft die Kinder, die Arbeit, ihre Geschwister, eine Freundin oder eine Krise in den Vordergrund. Eigentlich steht die Frage der Treue auf der Tagesordnung, doch sie wird umschifft, indem man dank einem alternativen Interesse der Ausschließlichkeit der Beziehung entflieht.

Streitigkeiten um die Treue haben eine spezielle Qualität. Es handelt sich um Auseinandersetzungen, in denen Phantome mitreden. Es geht nicht nur um den Dialog zwischen zwei Menschen, sondern auch der Einfluss der relevanten Mitmenschen spielt eine Rolle. Oft ist der Streit ein Versuch, eigene Verlassenheitsängste zu bewältigen. Es geht um die Frage, ob man sich weiterhin an einem romantischen Beziehungsideal orientieren soll, wie man dem anderen vertrauen kann und wie die Beziehungen zur Außenwelt gestaltet werden sollen.

Neben Geld und Treue sind bei Eltern natürlich Fragen, die mit den Kindern zusammenhängen, ein wichtiger Streitpunkt. Der Übergang von der freien Partnerschaft zur Elternschaft ist wohl die größte Herausforderung, mit der ein Paar konfrontiert werden kann. Hat ein Paar Kinder, dann verändert dies die Beziehung unweigerlich. Viele Paarbeziehungen zerbrechen an dieser Aufgabe. Die Einschränkungen, die Verpflichtungen und die neuen Rollen überfordern nich selten das Paar. Das Problem ist, dass man nie alleine ist. Im Gegensatz zum Partner, den man gewählt hat, sind Kinder permanent da und auf ihre Eltern angewiesen. Solange sie klein sind, rauben sie den Eltern nachts den Schlaf, sie müssen immer wieder gefüttert und gepflegt werden. Die Mutter- oder Vaterliebe stellt sich nicht immer sofort ein, und die Mutterrolle wird nicht immer als das große Glück empfunden. Wieso bin ich eigentlich immer an das Zuhause gebunden? Wo sind die romantischen Abende, die langen Spaziergänge und wilden Liebensnächte geblieben? Erschöpft sinkt frau ins Bett, den schnarchenden Mann zur Seite, und denkt darüber nach, was Bernd (ein Verflossener) wohl heute macht. – Aber trotz solcher Mühen sind uns die Kinder ja emotional wichtig, und meistens möchten wir unser Bestes geben. Wir krabbeln mit ihnen auf dem Boden herum und spielen Bärenpapa und Bärenkind, suchen stundenlang nach einer verlorenen Puppe oder verbringen unsere rare Freizeit mit dem Wegräumen der zahllosen in der Wohnung verstreuten Spielsachen.

Weil wir emotional mit ihnen verstrickt sind, nehmen wir an allen Problemen unserer Kinder intensiv teil. Was sie machen, ihre Niederlagen und Erfolge betreffen uns direkt und persönlich. Tendenziell möchten die meisten Mütter und Väter, dass ihr Sohn oder ihre Tochter gemäß ihren persönlichen Vorstellungen aufgezogen werden. Wegen des Partners muss man jedoch den Kompromiss suchen. Diskussionen und Auseinandersetzungen sind also unumgänglich.

Natürlich erleben es die meisten Paare als Gewinn, Probleme mit den Kindern gemeinsam zu tragen. Über die Schule, den Fernsehkonsum oder die Freizeit der Kinder mit einem Menschen sprechen zu können, der dem eigenen Sohn oder der eigenen Tochter ebenso nahe steht wie man selbst, ist eine große Entlastung. Bei der Frage nach dem richtigen Vorgehen oder den richtigen Methoden der Erziehung manifestieren sich jedoch oft deutliche Unterschiede zwischen den Geschlechtern. Männer erziehen die Kinder anders als Frauen. Sie gehen tendenziell mehr Risiken ein, geben den Kindern mehr Freiheiten und sind manchmal nachlässiger in der Pflege. Allein diese Unterschiede im Erziehungsstil können zu heftigen Konflikten führen. Und die Eintracht in der Erziehung droht endgültig dahin zu sein, wenn der Sohn wegen Vandalismus von der Schule fliegt oder die Tochter zum dritten Mal angetrunken nach Hause kommt. Wenn wirklich beide, Vater wie Mutter, sich um die Kinder kümmern, keiner auf Abstand geht und dem Partner oder der Partnerin alles überlässt, dann sind Auseinandersetzungen nicht zu vermeiden.[2]

Keine Trennung der Territorien mehr

In Saudi-Arabien ist es Frauen verboten, sich hinter das Steuer eines Wagens zu setzen. In einem Taxi müssen sie auf dem Rücksitz Platz nehmen. Auch in Mexiko zum Beispiel sitzen Frauen und Männer meistens nicht zusammen beim Essen, sondern die Frauen bedienen die Männer und ziehen sich anschließend in die Küche zurück. Während die Männer über Politik und Sport debattieren, unterhalten sich die Frauen über Kinder und Haushaltssorgen. In anderen Kulturen geht der Mann immer ein Stück der Frau voraus. In Japan sind das Haus und die Finanzen dem weiblichen Bereich zugeordnet. Die Männer erhalten von der Frau ein Taschengeld und, wenn sie im Beruf aufsteigen, vom Arbeitgeber einen Zusatzlohn zur eigenen Verfügung. Diese Beispiele sollen zeigen: Die Mehrheit der Kulturen trennt gesellschaftliche Funktionen und Positionen nach dem Geschlecht. Im privaten wie im öffentlichen Bereich sind Frauen und Männern jeweils bestimmte Territorien zugeordnet.[3] Es gilt als normal, dass für Frauen und Männer je eigene Räume zur Verfügung stehen. Für uns sind solche Modelle undenkbar geworden. Im Zuge der Gleichberechtigung ist es eine Selbstverständlichkeit, dass jede Aufgabe, jeder Raum und jede Position *beiden* Geschlechtern zugänglich sein müssen.

Das gilt auch für das Familienleben. In der Wohnung sollen alle Räume allen zugänglich sein. Während es in der bürgerlichen Familie im 19. Jahrhundert noch üblich war, dass die Territorien in einer Familie klar entweder dem Mann, der Frau oder den Kindern zugeteilt wurden, gibt es heute keine Studier- oder Rauchzimmer mehr, zu denen nur der Herr des Hauses Zutritt hat, und die Kinder dürfen sich selbstverständlich überall in der Wohnung tummeln. Auch die Küche ist nicht mehr ausschließlich die Domäne der Frau.

Mit der Entgrenzung der Territorien folgen wir einem demokratischen Ideal. Die Unterschiede der Geschlechter soll nicht durch eine räumliche Aufteilung oder gar Trennung ausgedrückt werden. So selbstverständlich uns diese Sicht ist, bringt sie doch auch bestimmte Probleme mit sich. Wenn die Aktivitätsbereiche der einzelnen Familienmitglieder klar definiert werden, dann vermindern sich auch die potentiellen Konfliktherde. Es ist jedem klar, wo er seinen Willen durchsetzen kann und welchen Raum er gestalten darf. Machtkämpfe werden verhindert, wenn die Einflusszonen definiert sind. Wenn jedoch heute ein Paar zusammenzieht und eine Wohnung einrichtet, dann ist meistens noch gar nichts entschieden. „Gemeinsam" ist das Losungswort, und der Kampf um die Einrichtung beginnt. „Als wir zusammenzogen, wollte mein Freund unbedingt einen hässlichen, von der Sonne gebleichten Überhang auf dem Sofa. Ich revoltierte! Es kann zu heftigen Streitigkeiten. Schließlich habe ich gesiegt, und nun liegt ein wunderbares, farbiges Tuch auf dem Sofa", schildert eine fünfunddreißigjährige Frau den ersten heftigen Streit mit ihrem Partner. Die meisten Paare sind vergleichsweise naiv, wenn sie eine gemeinsame Wohnung beziehen. Männer geben vor, die Aufteilung der Wohnung spiele keine Rolle und die Wohnungseinrichtung müsse vor allem der Partnerin gefallen. Irgendwie werde man sich schon einigen. Von „Einflusszonen" wollen sie erst gar nicht reden. Frauen erkennen eher die Bedeutung solcher Dinge und bestimmen, was wo zu stehen hat und wie der Raum aufgeteilt wird.

Die Idee der gemeinsamen Gestaltung und Durchdringung des privaten Lebensraums ist lobenswert. Aus psychologischer Sicht ist jedoch zu erwarten, dass wir dabei mit der Zeit an unsere Grenzen geraten. Die Gefahr droht, dass einer von beiden zu kurz kommt. Wenn der Mann mitten im Wohnzimmer seine Eisenbahn aufbaut, ist das genauso problematisch, wie wenn die Frau glaubt, die ganze Wohnung mit ihren Aquarellbildern verschönern zu müssen. Der Streit ist vorprogrammiert.

Vielfach sind es die Männer, die sich zurückziehen. Sie attestieren ihren Partnerinnen einen besseren Geschmack und überlassen ihnen großzügig den privaten Bereich. Das Problem dieser Haltung ist, dass sie sich dadurch psychologisch auslagern. Statt sich in die Familie einzubringen, erschließen sie für sich selbst neue Territorien. Zwar überlassen sie das familiäre Territorium der Frau, aber bald suchen sie sich einen anderen Lebens- und Arbeitsraum. Plötzlich wird das eigene Büro unglaublich wichtig, oder sie werkeln stundenlang in der Garage herum. Das zeigt sich übrigens auch darin, dass der Anteil der Männer an der Arbeit im Haushalt immer noch sehr gering ist, auch wenn beide Partner berufstätig sind. Berücksichtigt man jedoch den Garten, den Keller, die Garage und vor allem das Auto, dann verbessert sich die Bilanz zugunsten der Männer deutlich. Sie setzen sich also sozusagen vom Kernterritorium ab und konzentrieren ihre Aktivitäten auf die Randzonen der Familie. Sie verstehen sich tendenziell eher als Außen- und nicht als Innenminister und vermeiden dadurch territoriale Dispute.

Wut und Zorn

„Als sie wieder, vor allen Kollegen, lächelnd meine Probleme an der letzten Arbeitsstelle verriet, war ich außer mir vor Wut! Ich war total angespannt!“ Der Ausgangspunkt von Streitigkeiten ist oft Wut. Ein Wort oder eine Handlung eines Mitmenschen setzt uns in Rage. Plötzlich sind wir wie verwandelt, nicht mehr ruhig und besonnen, sondern nervös und bereit zum Angriff. Wir sind unfähig, unsere Worte sorgfältig zu wählen oder überlegt zu handeln. Statt nüchtern eine Situation zu analysieren oder über eine angemessene Reaktion nachzudenken, denken wir nur noch an Rache. Möglicherweise erwägen wir sogar einen kurzen Gewalteinsatz. Wenn wir wütend sind, dann präsentiert sich uns auch der Körper anders. Während er uns im Normalzustand im Hintergrund begleitet, wird er in der Wut plötzlich voll präsent. Wir hören unser Herz klopfen, schwitzen und atmen schwer. Neue Kräfte melden sich in uns. In der Wut verändert sich auch unsere Wahrnehmung der Außenwelt. Während wir im Normalzustand die Umgebung und die Mitmenschen differenziert registrieren, offen sind für Neues und auch für Kleinigkeiten, fixieren wir uns in der Wut auf wenige Details. Wir übersehen das Bild an der Wand und das Buch auf dem Tisch und überhören das Gitarrenstück im Radio. Unsere Sinne wollen nur noch sehen, hören, riechen und fühlen, was in Zusammenhang mit unserer Wut steht. Unsere ganze Aufmerksamkeit bleibt an jenen Details haften, die im Konflikt relevant sind. Wir sehen uns in einer existentiellen Notsituation, wir sind in einem Ausnahmezustand. Unsere Emotionen entscheiden, was wir registrieren.

Bei der Wut handelt es sich um eine *Instinktreaktion*. Aggressionen brechen hervor, die in uns lauerten, jedoch keinen Anlass hatten, sich zu zeigen. Wenn wir wütend sind, wird das Bewusstsein getrübt, und wir spüren einen enormen Zuwachs an Energie. Die Wut will uns befreien, sie will einen Gewaltakt vorbereiten, damit wir aus der misslichen Lage befreit werden.[4]

Das Problem der Wut ist, dass es sich um eine *archaische* Reaktion handelt. Wut ist wichtig, um unsere Emotionen zu spüren und einen ersten Schritt zur richtigen Neudefinition der Situation zu tun. Bei Streitigkeiten kann uns die Wut jedoch blockieren und von einer konstruktiven Problemlösung ablenken. Wer wild herumschreit, Tassen auf den Boden wirft und den Kontrahenten wüst beschimpft, leistet nur bedingt einen positiven Beitrag zur Konfliktlösung. Ein konstruktiver Dialog ist dann natürlich nicht mehr möglich. Problematisch ist es auch, wenn die Wut als permanentes Druckmittel eingesetzt wird. Die Mitmenschen werden dadurch gezwungen, heikle Themen zu umschiffen, weil sie heftige emotionale Reaktionen fürchten. Natürlich tut ein Wutausbruch zwischendurch auch gut. Vor allem, wenn man dazu neigt, die Anforderungen der Umgebung streng zu beachten und immer „anständig“ zu sein, dann kann ein kurzes Herumschreien wohltuend sein. Vielleicht wird dadurch auch eine Einstellungsänderung möglich, und wir sehen unsere Probleme in einem anderen Licht. Außerdem: Wer wütend werden kann, wird meist auch eher respektiert.

Wut und Zorn sind Reaktionen, die wir bei Streitigkeiten berücksichtigen müssen. Eine emotionale Reaktion aus Wut kann dazu führen, dass Auseinandersetzungen ausarten und eskalieren. Die Wut wirkt sich dann nur noch destruktiv aus und verschlimmert den Streit. Die Wut kann verhindern, dass ein Modus Vivendi oder wenigstens eine einigermaßen praktikable Lösung gefunden wird. Bei Paaren, die vor der Scheidung stehen, können wir das leider immer wieder beobachten. „Ich lasse mir das nicht gefallen! Ich mache einen Hungerstreik vor dem Gericht, bis ich Recht bekomme!“, schrie eine Vierzigjährige in einem Anfall grenzenloser Wut gegen ihren Ex-Mann. Wenn wir von Emotionen überschwemmt werden, nur noch an Rache denken und laut nach Gerechtigkeit schreien, dann ist es sehr schwierig, Lösungen zu finden. Die Wut versperrt uns den Weg, trennt vom anderen und verschlimmert die Situation.

„So behandelt man keine Tiere!“, erklärte der vierzigjährige Kaufmann vehement. Total außer sich hatte er seiner Partnerin eine Ohrfeige verabreicht, nachdem diese sein Lieblingspferd geschlagen hatte. Während er eine Traumatisierung seines Pferdes befürchtet, war seine Frau verständlicherweise von seinem körperlichen Übergriff empört. Sein Verhalten ist in der Tat inakzeptabel. Solche Wutausbrüche sind bei ihm jedoch an der Tagesordnung, wie sie sagt. Flaschen fliegen durch die Luft, Stühle werden umgestoßen, und einmal ging sogar der Fernsehapparat in Trümmer. Mit Menschen, die zu Wutausbrüchen neigen, ist es schwierig zu streiten. Man befindet sich immer auf einem Minenfeld, und jederzeit kann es wieder zur Explosion kommen.

Verbale Gemeinheiten

Eigentlich haben wir Menschen das Stadium längst verlassen, wo wir versuchen, mit Faustschlägen, Beißen und Kratzen andere gefügig zu machen. Uns Menschen steht die Sprache zur Verfügung. Wir verfügen über ein großartiges System von Wörtern, Begriffen und Metaphern, die unser Denken und Handeln symbolisieren. Damit haben wir ein hochentwickeltes Instrument, mit dem wir uns sehr differenziert mitteilen können. Gefühle, Gedanken, Ideen und Pläne teilen wir mithilfe von sprachlichen Zeichen mit. Sie werden von uns eingesetzt, um beim anderen bestimmte Gedanken, Emotionen und Wahrnehmungen auszulösen. Wer zu einer Frau sagt: „Du hast schöne Augen", der bewegt sich auf einer anderen Kommunikations- und Interaktionsebene als einer, der ihr mitteilt, dass ihr neuer Fiat ein guter Kauf sei. Durch die Worte und Bilder, die wir verwenden, rufen wir Gefühle hervor, berühren Komplexe und versetzen den anderen in bestimmte Gedankenwelten oder Stimmungen.

Wörter können als Waffen eingesetzt werden. Die Kraft der Worte ist ein Mittel, von dem wir bei Streitigkeiten immer wieder Gebrauch machen. In der Auseinandersetzung zwischen den Geschlechtern werden, entsprechend unserer Erfahrungen mit dem anderen, seinen Stärken und Schwächen, genau jene Bilder, Metapher und Worte verwendet, die ihn verletzen oder in Rage bringen. Die Mittel und Variationen sind unbegrenzt. Besonders beliebt ist es, alte Wunden wieder aufbrechen zu lassen: „Du hättest lieber deine Energie damals in das Abitur gesteckt! Man merkt, dass du die Übersicht verlierst!", sagt ein Mann zu seiner Frau. Er weiß, dass sie wegen des Abiturs, das sie nicht hat, an einem Bildungskomplex leidet. Seine Bemerkung sitzt. Oder es kann auch sein, dass (wahre oder falsche) Informationen scheinbar beiläufig eingespeist werden: „Du kannst froh sein, dass ich zu dir stehe, während deine sämtlichen Arbeitskollegen sich von dir distanzieren!", erwähnt eine Frau wie selbstverständlich. Bisher hatte ihr Partner geglaubt, dass er an seiner Arbeitsstelle akzeptiert sei.

Die verbalen Gemeinheiten sind bei Streitigkeiten oft die eigentliche Herausforderung. Unseren Aggressionen, unserem Neid und unseren Frustrationen machen wir Luft, indem wir Worte einsetzen, die beim Gegenüber eine heftige emotionale Reaktion auslösen. Das Drama, das sich daraufhin abspielt, führt oft zu einer vorübergehenden Erleichterung. Wenn der oder die andere sich wirklich getroffen fühlt, irritiert ist oder verletzt wird, dann registrieren wir dies oft mit Genugtuung: Wenigstens kann ich ihn oder sie ärgern. Die Aktion war erfolgreich. Die hohe Kunst der verbalen Gemeinheit besteht dabei sozusagen darin, den anderen zu treffen und zu verletzen, ohne die Fassade der Wohlanständigkeit zu verlieren. Worte sind jedoch andererseits auch das wichtigste Mittel zur Konfliktbewältigung. Paare, die sich nach verbalen Disputen auf ein wirkliches Gespräch einlassen, entdecken oft auch wieder einen Weg zueinander.

Schattenkämpfe

Streit bricht uns emotional auf. Wenn wir streiten, dann beginnen wir uns zu öffnen. Unsere Abwehr bricht zusammen. Unerledigte Themen, Komplexe und Ängste, die sonst in der Tiefe unsere Seele lagern, werden ans Tageslicht gezerrt. Themen, die uns peinlich sind und vor denen wir uns schämen, sind plötzlich aufgedeckt. Streiten ist wie eine Kurzpsychoanalyse. Wir demaskieren uns und zeigen uns sozusagen psychologisch nackt. Wenn unsere Fassade zusammenbricht, dann fühlen wir uns schutzlos. Meistens entfernen wir uns deshalb im Verlauf des Streits sehr schnell von seinem ursprünglichen Anlass. Er wird abgelöst von Themen der persönlichen Vergangenheit und eigenen Sensibilitäten. Alte Frustrationen, vergangene Beziehungen und die Ursprungsfamilie sind plötzlich wieder da. Im Streit melden sich die Gespenster unserer Vergangenheit, die wir eigentlich in das tiefste Verließ unserer Seele verbannt hatten, wieder zurück. Dispute schmerzen, weil wir wieder neu mit unserem ganzen Lebensschmerz, mit unerfüllten Wünschen und grausamen Enttäuschungen konfrontiert werden. „Musst du mich an die Zeit mit Cécile erinnern?“, schreit der Ehemann seine Frau an, die ihn vorher genüsslich an einen schmerzhaften Beziehungsabbruch erinnert hatte. Im Partner hören wir die Stimme des Vaters, des Lehrers oder eines Onkels, oder das schnippische Verhalten der Partnerin erinnert an die unerträglichen Gemeinheiten der Ex-Frau. Wenn der Streitpartner einem nahe steht, dann ist es fast nicht möglich, objektiv zu bleiben. Rasch werden wir persönlich und agieren auf der Basis unserer persönlichen Geschichte.

Oft verbirgt sich hinter einer Auseinandersetzung mit dem Partner oder der Partnerin eine Abrechnung mit Figuren aus der Vergangenheit. Eine fünfzigjährige Frau wehrte sich beispielsweise vehement gegen den Wunsch ihres Mannes, in einer Versicherungsgesellschaft Karriere zu machen. Sie fand die Idee einer Versicherungskarriere lächerlich; seine Ambitionen konnte sie nicht ernst nehmen. Nach heftigen Auseinandersetzungen gab er nach und übernahm dafür vermehrt Aufgaben als Bühnenbildner der lokalen Theatergruppe. Was ihr nicht bewusst wurde, war, dass sie über ihren Ehemann sich mit ihrem eigenen Vater auseinander setzte. Eigentlich interessierte sie die Karriere ihres Mannes gar nicht. Im Streit vermischte sie jedoch ihren Mann mit ihrem Vater. Dieser hatte aus ihrer Sicht das Familienleben der Karriere geopfert. Die Energie, die sich beim verbalen Disput mit ihrem Mann manifestierte, wurde durch diese Kindheitserfahrung gespeist und eigentlich gar nicht durch die Pläne ihres Partners ausgelöst. Ihr Mann wurde zum Stellvertreter einer Vaterproblematik. Bei einem anderen Paar entwickelte der Mann seiner zehn Jahren jüngeren Frau gegenüber eine große Eifersucht. Er ertrug es nicht, wenn sie einen Kollegen zu einem Kaffee traf, ein Fitnessstudio aufsuchte oder auch nur von anderen Männern sprach. Immer wieder kam es deswegen zu hässlichen Szenen. Mit der Zeit wurde dann aber klar, dass der Mann auf die Erfahrungen mit seiner ersten Frau reagierte. Beide hatten damals die Idee der freien Liebe vertreten, und diese Frau war ihm tatsächlich mehrmals untreu gewesen. Seine Eifersucht galt eigentlich seiner Ex-Frau.

Wenn wir streiten, verlieren wir den objektiven Blick auf die Welt. Wir treten uns als veränderte Wesen gegenüber und werden von Emotionen getrieben, die im nüchternen Zustand verborgen bleiben. Beide Partner tauchen gewissermaßen in die Tiefe der Seele des anderen hinunter. So steckt im Streit auch die Chance, sich gegenseitig neu kennen zu lernen.

2
Was Männer gegen Frauen haben

Dieses und das nachfolgende Kapitel sind bewusst einseitig gestaltet. Zuerst wird der Leser eingeladen, sich die verbreitetsten Ansichten der Männer anzuhören, wenn sie sich über Frauen aufregen. Männer erleben dann gewisse Verhaltensweisen und Persönlichkeitszüge als „typisch weiblich". Es handelt sich um Aussagen, die typischerweise in einem Ausnahmezustand gemacht werden. Konflikte haben zur Folge, dass störende Eigenschaften des anderen überzeichnet werden. Einige der nachfolgenden Aussagen halten also einer genaueren Überprüfung nicht stand. Sie entsprechen auch populären Vorstellungen oder Klischees über die Geschlechter. Sie fallen uns ein, wenn wir die Partnerin oder den Partner nicht verstehen. Auch wenn sich einige dieser Erklärungsansätze wissenschaftlich nicht erhärten lassen, sind sie vom psychologischen Standpunkt aus gesehen wichtig. Erstens handelt es sich um Ansichten, auf die viele Männer und Frauen zurückgreifen, wenn sie das Verhalten des anderen nicht verstehen, und zweitens ermöglichen solche Theorien oft erste Lösungsschritte. Die Psychologie muss darum diese subjektiven Sichtweisen ernst nehmen und herausfinden, wieso jemand solche Schlussfolgerungen zieht. Nicht alles ist Unsinn, sondern vielleicht enthalten populäre Behauptungen über die Geschlechter auch einen Kern Wahrheit. Mit einem Wort also: Auf den folgenden Seiten wird dargestellt, wie Männer Frauen erleben, warum und wie sie sich über sie ärgern.

Persönliche Kontakte als Machtmittel

„Mmh! Kathrin hat wieder einmal ausgezeichnet gekocht!", erwähnt ein Mann beiläufig, als er mit seiner Frau die Treppe zur eigenen Wohnung hinaufsteigt und den Duft des Abendessen in der Nachbarwohnung riecht . „Was! Kann ich etwa nicht gut kochen?", lautet ihre entrüstete Antwort.

Frauen sind schwierig, weil sie zu persönlich denken! Jede zweite Aussage und Handlung wird als Beziehungsaussage missverstanden. Es fehlt ihnen an Objektivität. Nichts wird neutral und sachlich registriert, sondern alles wird sofort auf seine Bedeutung für die Beziehung hin analysiert. Frauen sind vor allem an Beziehungen und menschlichem Kontakt interessiert – und an ihrem eigenen Ruf. Wenn man als Mann gegenüber der Partnerin kurz erwähnt, dass eine Kollegin gut Witze erzählen kann, dann hat man schon ein Problem. „Und ich kann keine Witze erzählen?", ist die beleidigte Antwort. Der Inhalt eines Gesprächs interessiert die Frauen oft nur in zweiter Linie. Aber dafür werden auch beiläufige Äußerungen einem gründlichen Test unterzogen und auf Beziehungsaussagen abgeklopft. Stecken darin vielleicht neue, wichtige Informationen über Kollegen oder Kolleginnen? Und so geht es auch bei Aussagen, die ganz neutral formuliert sind. Offenbar interessieren sich Frauen ausschließlich dafür, welche persönlichen Botschaften des Sprechers in der Mitteilung enthalten sind und welchen Zusammenhang sie mit ihnen selbst hat.

Frauen sind *nicht pflegeleicht:* Auch und gerade Grundsatzfragen müssen immer wieder neu aufgerollt werden. Die Frage der Qualität einer Beziehung kann nicht ein für alle Mal geregelt werden, sondern sie bleibt ein Dauerbrenner. „Sag mal, liebst du mich eigentlich?", will die Allerliebste wissen. Hat man das nicht schon dadurch hinreichend bewiesen, dass man sie geheiratet hat? Obwohl man sich eigentlich in die Lektüre eines wichtigen Artikels über die Wahlen in Taiwan vertiefen möchte, ist man bereit zu einer großzügigen verbalen Geste: „Sonst wäre ich ja nicht da!“ Wieso die Partnerin nach diesem eindeutigen Liebesbeweis frustriert das Buch hinschmeißt und davonstürmt, bleibt aus männlicher Sicht völlig unverständlich.

Die Beziehungsorientierung hat zur Folge, dass Frauen anders hören. „Ich möchte gerne mal eine Harley Davidson mieten und die Route 66 fahren!“, erwähnt ein Mann beiläufig und muss sofort feststellen, dass seine harmlose Fantasie nicht auf Gegenliebe stößt. „Du bist ein Egozentriker!“, wird ihm vorgeworfen. „Wieso hast du nicht ‚wir‘ gesagt? Nie entwickelst du gemeinsame Fantasien.“ Männer wiederum erleben die Wir-Aussagen als versteckte Befehle: „Lass uns ins Tessin fahren und in Luino den Mark besuchen!“ – dieser Vorschlag ist natürlich ein klares Unterwerfungsmanöver seitens der Frau. Sie will nur, dass man auf seine Radtour über den Kunkel-Pass verzichtet.

Frauen klopfen jedoch nicht nur jede Bemerkung nach Beziehungsaussagen ab, sie interessieren sich sowieso übermäßig für Menschen. Vor allem dann, wenn unbekannte Personen in den sozialen Nahraum eindringen, werden die Antennen ausgefahren. Wer ist das? Woher kommt er? Natürlich sind auch uns Männern neue Personen und Freunde wichtig – aber muss man tatsächlich jedes Detail, jede Intimität und jedes Geheimnis wissen? Begegnet man im Beruf oder im Privatleben einer unbekannten Person, dann genügen doch die Basisdaten: Name, Beruf und eventuell Familienstand. Sich für mehr zu interessieren ist eindeutig indiskret und vor allem irrelevant. Frauen wollen jedoch Unbekannte nach allen möglichen Kriterien begutachten. Ist er verheiratet? Hat er Kinder? Wieso hat er beim Abendessen geschwitzt? Wieso sagte er zuerst „Mmh“, als ich ihn nach seinem Heimatland gefragt habe? Der andere wird sogleich einer gründlichen psychologischen Analyse unterzogen und zum Objekt langer Diskussionen gemacht. Das Interesse der Frauen an den Menschen, die in den Nahbereich eindringen, bringt es mit sich, dass sie bei Berichten über Erlebnisse mit Freunden oder bei der Arbeit besonders genau hinhören. Erzählt man locker von einem Bootsausflug auf der Aare und schwärmt von der wunderbaren Landschaft um Zollikofen, dann kommt unweigerlich die Frage: „Wer war denn dabei?" Sie fragt nicht, wie man es geschafft hat, die gefährliche Stromschnelle bei Bremgarten zu überwinden – nein, die Mitfahrer interessieren! Selbstverständlich gibt man eine präzise Antwort: „Der Kollege Wolfgang aus Wien, zwei Sekretärinnen oder auch drei, der Chef und eine Person aus dem Aargau oder St. Gallen?" Leider muss man erfahren, dass die Frage sich auf diese Weise nicht erledigen lässt. „Ja, wer jetzt? Beata? Kathrin? Chantal? Die, die ich vom Weihnachtsessen kenne." Man strengt sich wirklich an, konzentriert sich und bestätigt, dass die Kollegin Chantal oder so ähnlich heißt – und eigentlich ganz nett ist. Gerne würde man jetzt endlich von den gefährlichen Stromschnellen und dem hohen Wasserpegel berichten, doch ein empörter Blick macht das unmöglich. „Du willst ja wohl nicht sagen, dass du diese falsche Person nett findest?!" Offensichtlich hat man wieder einen Fehler gemacht. Der muss natürlich korrigiert werden, und man bestätigt, wenn auch nur aus taktischen Gründen, dass Chantal eine völlig unwichtige Frau sei. Vielleicht kann man doch noch auf die Stromschnelle zu sprechen kommen! „Wieso hast du dann beim Weihnachtsapéro mit ihr geflirtet?", lautet die völlig unerwartete Gegenfrage. Nun sitzt man in der Falle, es gibt kein Entkommen. Wie Kapitän Franklin, der in einer Eisscholle stecken bleibt, kann man weder vorwärts noch zurück. Man muss jetzt wohl endgültig auf die Schilderung der neuesten Heldentaten verzichten und versucht sich zu erinnern. Habe ich damals geflirtet? Weshalb? Weil sie am gleichen Tisch saß? Weil ihr Ausschnitt sexy war? Oder vielleicht, weil sie gut zuhören konnte? Wohl oder übel ist man gezwungen, einen genauen Bericht über die Anwesenden, ihre Persönlichkeitseigenschaften und über das ganze Beziehungsnetz zwischen ihnen zu liefern. Chantal erwähnt man nur knapp. Man muss der Allerliebsten ja nicht unbedingt unter die Nase reiben, dass man von dieser Frau eigentlich angeturnt war.

Beziehungsinformation als Lebenselixier

Gespräche unter Frauen haben eine spezielle Qualität. Als Mann fühlt man sich dabei oft unwohl oder reagiert mit unkontrollierbarer Schläfrigkeit. Stundenlang und detailliert wird erzählt, wer was über wen gesagt hat. Oft ist die Aufregung einfach nicht nachvollziehbar. „Was?! Meine Schwester behauptet, *ich* hätte die Barmettlers zum Fest eingeladen! Das ist absolut nicht wahr!“, schreit eine dreißigjährige Frau ihren Mann an. Dieser reagiert verdutzt. Er kann nicht nachvollziehen, wieso dieses Detail wichtig sein soll. Soll doch die Schwester, der Bruder, der Onkel, der Freund, der Papst oder Fidel Castro die Barmettlers einladen, es spielt doch keine Rolle. Und überhaupt ist doch nicht wichtig, was andere denken. Wenn der Frederic, der Earl of Erne, mich als Idioten betitelt oder behauptet, ich würde Katzenfleisch essen, dann ist das *sein* Problem und nicht meins! Die Abhängigkeit vom Urteil anderer und von den Meinungen der Familie oder des Freundeskreises ist unerträglich. Wenn Daniel oder Max finden, ich hätte Unrecht, dann soll er es mir direkt mitteilen, oder sonst spielt es keine Rolle. Diese wilden Spekulationen darüber, wer was über wen gesagt hat, sind doch reine Zeitverschwendung, zumal sie kaum einmal auf gesicherten Erkenntnissen beruhen.

Den Frauen ist – so sehen es jedenfalls die Männer – das persönliche Image unglaublich wichtig. Im Freundeskreis, bei den Kollegen oder in der Verwandtschaft „gut dazustehen“ und als nett zu gelten, ist lebenswichtig. Solchen Dingen bringen Männer dagegen oft nur mäßiges Interesse entgegen. Negative Urteile empfinden sie sogar oft nicht als Beleidigung, sondern als Ehre: „Klar glaubt er, ich sei ein Idiot! Aber das muss er ja auch in seiner Lage!“ Dem Gerede, das sich ergibt, wenn sich bisher getrennte soziale Kreise durchmischen, bringen Frauen ein immenses Interesse entgegen. Nicht dass Männer dem Klatsch völlig abgeneigt wären und überhaupt nicht wissen möchten, was die anderen tun und denken; doch bei den Frauen wird das natürliche soziale Interesse offenbar zur Manie. Als Mann reagiert man selten mit schlaflosen Nächten, wenn sich die Nachbarin wegen der Grillparty auf dem Balkon aufregt oder darüber, mit welchem Getöse man angeblich die Treppe hinabgaloppiert.

Eigenartig ist aus der Sicht der Männer, dass Frauen trotz der Sorge, die sie sich um ihr eigenes Image machen, nicht zögern, über ihre Mitmenschen herzufallen. Natürlich geschieht dies alles unter dem Deckmantel des sozialen Interesses und der Sorge um die Gemeinschaft. Wenn eine Frau über ihre Nachbarin herzieht – sie sei unmöglich angezogen, und ihre erzieherischen Fähigkeiten seien eine Katastrophe – dann äußert sie sich natürlich nur aus Sorge um die Kinder. Aber wenn die Nachbarin sich wegen der Fahrräder vor dem Briefkasten beklagt, ist die Hölle los. Was fällt ihr ein! Das Recht auf Kritik ist einseitig. Aus der Sicht mancher Frauen handelt es sich um zwei ganz verschiedene Dinge. Während man selber nur am Wohlergehen des anderen interessiert ist und selbstverständlich nur das Beste will, führt die oder der andere etwas im Schilde. Er oder sie hat Böses im Sinn oder strebt nach Einfluss. Das Erstaunliche bei den Frauen ist, dass sie fies und hinterhältig sein können und dabei doch immer einen wohl angepassten und freundlichen Eindruck hinterlassen wollen. Sie stehen nicht zu ihren Aggressionen. Als Mann hat man das Gefühl, Frauen seien nicht ehrlich. Wenn sie um den eigenen Ruf dermaßen besorgt sind, dann wäre doch etwas Zurückhaltung beim Reden über andere Menschen angebracht. Aus männlicher Sicht steckt hinter der Sorge um das eigene Ansehen und dem Interesse an den Mitmenschen nicht größere Menschenliebe oder ein besser entwickeltes Einfühlungsvermögen, sondern es handelt sich um ein raffiniertes Doppelspiel.

Das Motiv ihres sozialen Interesses liegt nämlich, so lautet der Verdacht, woanders. Frauen versuchen, durch Beziehungsinformationen *Macht* auszuüben. Das Wissen über andere Menschen, das man mit der Zeit angesammelt hat, befriedigt nicht nur das persönliche Interesse, sondern es ist auch ein Mittel, um die persönliche Einflusssphäre zu sichern oder auszuweiten. Erst wenn man weiß, was die anderen für Ängste und Neuröschen haben, kann man im eigenen Revier souverän schalten und walten. Eindringlinge müssen abgewehrt oder diskreditiert werden, weil sie die Eintracht im Nahraum bedrohen. Es gilt, ihre Schwächen und Geheimnisse in Erfahrung zu bringen und genau zu analysieren. – Die Methoden sind dabei vielfältig. Oft sind die direkten Kanäle unergiebig. Wichtige Hintergrundinformationen verdankt man dem Klatsch. Dann werden die Mosaiksteinchen in einen größeren Zusammenhang eingefügt. Schon zum zweiten Mal hat man beobachtet, wie eine Arbeitskollegin mit dem Hauswart schäkert. Hat man die beiden nicht schon letzte Woche in der Markthalle zusammen beim Kaffeetrinken ertappt? Wieso geht der Abteilungsleiter wieder ohne Mantel aus dem Haus? Besucht er wieder seine gute Kollegin nebenan? – Nicht immer kann man alles selber beobachten. Eine andere, effektivere Methode besteht darin, potentielle Informationsträger zu präparieren. Dabei ist es wichtig, sie davon zu überzeugen, dass sie einem absolut trauen können. Es gilt sie oder ihn in einen entspannten Zustand zu bringen, damit er oder sie die Zunge lockert. Frauen macht man weich, indem man auf „gute Freundin" macht, Männer sind einfacher: Es genügt, wenn man ihnen tief in die Augen blickt, sich ein bisschen schüchtern-verlegen verhält oder mit dem Körper spielt, dann werden sie weich und verraten jedes Geheimnis. Als Mann muss man bei Frauen mit großem Ausschnitt und scheinbar großem Herzen Vorsicht walten lassen. „An der letzten Arbeitsstelle wurde ich von der Chefin gemobbt, sie hat mich gar nicht gemocht und wollte mich aus der Firma drängen!", gesteht ein Mann freimütig einer Kollegin gegenüber ein und ist geschmeichelt, dass sie sich dermaßen für ihn interessiert. Er realisiert nicht, dass er wertvolle persönliche Informationen preisgibt, die von seiner lieben Kollegin auch gegen ihn eingesetzt werden können. Für Frauen sind Geheimnisse und Beziehungsinformationen Waffen und Munition; damit können sie Angriffe abwehren oder den eigenen Machtbereich erweitern. Im entscheidenden Moment kommt dann der Schlag: „Er braucht gar nichts zu sagen! An seinem letzten Arbeitsplatz wurde er – ich sage dir dies ganz im Vertrauen – von seiner Chefin zum Teufel gejagt!" Als Mann ist man bass erstaunt, dass die Kollegin bei einem Streit hemmungslos auf Geheimnisse und Vertraulichkeiten zurückgreift, die eigentlich topsecret wären. „Kann ich denn etwas dafür, dass du dich vor deinem Vater als Versager fühlst? Vielleicht solltest du zuerst mal dieses Problem lösen!", erwidert eine Frau ihrem Mann, nachdem dieser sie kritisiert hat, weil sie seiner Arbeit zu wenig Interesse entgegenbringe.

Freude am Zelebrieren von Problemen

Eine Studentin erzählt ihrem Freund, dass sie nicht sicher sei, ob sie die richtige Ausbildung begonnen habe. Lehrerin zu werden sei zwar eine attraktive Vorstellung und vieles an der Pädagogischen Hochschule sei spannend, auch Kinder habe sie schon immer gemocht. Sich drei Jahren lang akademische Theorien anzuhören, das wolle sie sich jedoch nicht antun. Wenn sie an all die Module, Arbeiten und Zwischenprüfungen denke, die sie absolvieren müsse, dann werde ihr schwindlig. Vielleicht sollte sie eine völlig andere Ausbildung beginnen, aber im Übrigen sei ein Studium an der Uni auch eine gute Alternative. Ihr Freund hört ihr geduldig zu und meint dann nur trocken: „Brich doch die Lehrerausbildung einfach ab!" Seine Freundin ist empört. „Hörst du mir eigentlich nie zu! Kann man mit dir keine Probleme besprechen?"
Aus männlicher Sicht ist die Art, wie Frauen ihre Probleme angehen, völlig ineffizient. Man hat den Eindruck, sie lieben die Schwierigkeiten geradezu. Statt nach Lösungsstrategien zu suchen und Optionen abzuklären, wollen sie halt einfach nur reden. Probleme sind – aus männlicher Perspektive - dazu da, gelöst zu werden, und nicht dazu, um sich zu profilieren oder sich zu unterhalten. Frauen dagegen lieben es, um Probleme zu kreisen, sie immer wieder von einer anderen Seite zu beleuchten und wieder und wieder darauf zurückzukommen.

Als Mann ist man perplex und hat das Gefühl, von der Partnerin oder Freundin nicht geschätzt zu werden. Hat man nicht, nachdem man sich drei Minuten lang die Fragestellung angehört hat, bereits probate Lösungsvorschläge unterbreitet? Die Lehrerausbildung abbrechen und ein Studium beginnen – oder die Lehrerausbildung durchziehen. Geht es etwa nicht – wenn man das Problem einmal begriffen hat – darum, sich für einen Lösungsansatz zu entscheiden? Die Lösung kann richtig oder falsch sein. Aber Hauptsache, man kommt weiter.

Für Frauen ist dieses Denken offenbar nicht nachvollziehbar. Man kann sich doch nicht entscheiden, wenn man nicht weiß, ob der Beruf einem gefallen wird! Als Mann fragt man sich stattdessen, ob dieses Wesen überhaupt an einer Lösung interessiert ist. Je länger und je breiter man über etwas diskutiert, desto ferner rücken mögliche Lösungen. Viele Männer beschleicht das Gefühl, dass die Frauen eigentlich selber das Problem sind. Probleme sind für sie ein Lebenselixier und eine Möglichkeit, sich selber und die Mitmenschen zu spüren. Wenn sie über eigene Probleme reden, dann geht es Frauen nicht um die Suche nach einer Lösung, sondern eher darum, ein Thema zu haben.

Viele Männer hegen den Verdacht, dass dieses Zelebrieren der Probleme durch die Frauen von Psychiatern, Psychotherapeuten und Beratern ausgenützt wird. Scharen von Therapeuten, so vermuten sie, hören gegen Bezahlung stundenlang zu, wollen in der Vergangenheit graben und komplizierte Familienanalysen erstellen. Statt das Problem zu lösen oder halt mit ihm zu leben, wird es zum Ausgangspunkt eines langen Prozesses. „So einfach ist die Sache halt nicht!“, stellt man fest und vereinbart eine weitere Stunde. In der Abgeschiedenheit der Praxis werden die Probleme anschließend umkreist, reflektiert und aus verschiedenen Blickwinkeln immer wieder neu gedeutet – aber es wird keine Lösung vorgeschlagen. Psychotherapien werden so als Ausdruck weiblicher Rast- und Orientierungslosigkeit verstanden. Als Mann lässt man sich lieber coachen oder holt sich eine Lageanalyse ein, damit die nächsten Entscheidungen getroffen werden können. Wochenlange Analysen oder Exkurse in die Kindheit sind einfach nutzlos.

Die Frauen scheinen also bei Auseinandersetzungen eigentlich gar keine Lösungen anzustreben. Sie werden dadurch eher energetisiert, sofern die Sache nicht eskaliert, sondern vor sich hinköchelt. Problemgespräche sind für sie Wiederbelebungsakte. Sie wären zutiefst irritiert, wenn die besprochenen Themen verschwinden würden. „Ich wäre wirklich froh, wenn das Badezimmer nicht jedes Mal wie ein Schlachtfeld aussehen würde: Die Frotteetücher müssen glatt aufgehängt werden! Der Verschluss der Zahnpastatube wird nicht einfach daneben gelegt, auch ist es wichtig, dass der Klodeckel zugeklappt wird!", wird ein Mann von seiner Angetrauten belehrt. Plötzlich ist seine Stimmung im Keller. Nach weiterer Kritik derselben Art schlägt er schließlich vor, dass er fortan das Waschbecken in der Dusche benützt. Großzügig verzichtet er auf seine Rechte am großen Badezimmer. Statt Dankbarkeit, einem Kuss und vielleicht sogar einem Quäntchen Bewunderung für die erstaunliche Flexibilität lautet die Reaktion: „Du hast auch wirklich gar nichts begriffen!" Sein Lösungsvorschlag hat sie nicht beschwichtigt, sondern neues Konfliktmaterial hervorgebracht. Nun wird er obendrein kritisiert, weil er der Tochter seiner Ex-Frau nicht zum Geburtstag gratuliert hatte und außerdem während einer Aufführung im Schauspielhaus eingenickt ist. Aus der Sicht des Mannes sehen Frauen in Problemen nicht die Herausforderung, sondern beispielsweise – wie in diesem Fall – eine Möglichkeit zur Generalabrechnung.

Harmonieterror

„Natürlich, wenn Sie es wissen wollen, mit meiner Kollegin arbeite ich gerne zusammen, doch ich frage mich, was die Arme eigentlich während ihrer kaufmännischen Ausbildung gelernt hat. Wo hat sie eigentlich ihre Lehre gemacht? Doch es ist kein Problem, ich bin schon bereit, ihre Briefe zu korrigieren und ihr bei all den Fragen unter die Arme zu greifen." Der Chef, an den diese Worte gerichtet sind, wird stutzig. „Ich finde einfach, ich musste doch ehrlich sein, aber ich möchte nicht, dass Sie glauben, ich hätte etwas gegen sie!", fügt die Sprecherin rasch hinzu, als sie sein Stirnrunzeln bemerkt.

Ein Problem, dass Männer an Frauen irritiert, ist ihr Streben nach Harmonie. Im sozialen Umkreis und im eigenen beruflichen Umfeld darf es nicht zu manifesten Zerwürfnissen oder Konflikten kommen. Aus Frauensicht sind gute Beziehungen Konsensbeziehungen. Gleicher Meinung zu sein ist ein Beweis der Freundschaft. Dies wird auch immer und überall bekundet: Man gibt vor, mit den Kollegen oder Familienmitgliedern auszukommen, auch wenn es brodelt und kracht. Meinungsverschiedenheiten werden als Bedrohung empfunden. Männer haben oft den Eindruck, dass Frauen unfähig sind, zu ihren eigenen Aggressionen zu stehen. „Wieso sagst du nicht einfach, dass du nichts von einem Jubiläumsessen mit deinen Pfadfinderkolleginnen hältst?" Ein solcher Vorschlag löst blankes Entsetzen aus. Unmöglich, dass man in einer Clique, dem Freundeskreis oder der Verwandtschaft als Kritiker auftritt. Der Ehemann, der Partner oder eine gute Freundin müssen für die kritischen Gedanken und allen Ärger herhalten, doch die Kritik darf auf keinen Fall öffentlich werden. Unvorstellbar, dass man seine Gedanken allgemein bekannt macht. Man hält sich lieber bedeckt und tauscht Freundlichkeiten aus. Nach außen darf niemand, wirklich gar niemand wissen, dass man eigentlich etwas gegen Claudia, Bert oder Kerstin hat. Stets wird ein freundliches Lächeln präsentiert und so getan, als sei nichts. Aggressionen werden unter dem Deckmantel der Fürsorge versteckt: „Was ist mit dir? Du siehst heute aber gar nicht gut aus?", fragt eine Kollegin. Scheinbar macht sie sich echte Sorgen; in Wirklichkeit will sie aber nur sagen, dass sie das Aussehen ihrer Kollegin katastrophal findet.

In Arbeitsgruppen, die aus Frauen bestehen, herrscht aus männlicher Sicht oft eine eigenartige Atmosphäre. Bei der Begrüßung überbietet man sich mit Freundlichkeiten, tauscht Küsschen aus und mimt Freude. Das kann man auch in Gruppen beobachten, in denen bereits die Messer gewetzt werden und die meisten Teilnehmerinnen sich spinnefeind sind. Trotz latenter Spannungen tauscht man kleine Präsentchen aus, lächelt und tut so, als gehe man aufeinander ein. Es wird Gemeinschaft gepflegt. Wenn jemand etwas vorschlägt, dann wird natürlich zuerst Zustimmung signalisiert. „Ich finde deinen Vorschlag sehr gut, ich bin voll deiner Meinung, aber …“ Gegenargumente oder Einwände werden nicht offen ausgedrückt, sondern man operiert im Hintergrund. Im privaten Zweiergespräch rückt man dann mit der konträren Meinung raus, und natürlich versäumt man es nicht, die richtigen Informationen zu streuen. Kontakte werden hinter dem Rücken der betreffenden Person angebahnt. Auch die schlimmste Intrige oder das hinterhältigste Machtspiel wird als soziale Aktivität definiert. „Sie wäre auf der Bühne sowieso unglücklich gewesen!“ Mit solchen Worten wird ein erfolgreiches Mobbing gegen eine aus der Theatergruppe quittiert. Man will nur helfen und strebt nur das Gute an. Das Tragische bei den Frauen ist, dass sie *selber* an ihre Ausreden glauben. Sie merken nicht, dass sie eine Kollegin im Stich lassen, wenn sie nicht zum Polterabend eingeladen wird. „Sie liebt solche Veranstaltungen gar nicht!“, wird die feindselige Aktion begründet. Frauen setzen Anspielungen ein und operieren mit geschlossenem Visier. Die Fassade der Wohlanständigkeit muss beibehalten werden, und auf keinen Fall will eine Frau als diejenige gelten, die etwas Böses oder Unangebrachtes im Umlauf gebracht hat.

Die Kehrseite dieses Harmoniestrebens ist furchtbar. Bricht der Konsens auseinander und kommt es zu einem Zerwürfnis, dann gibt es kein Pardon. Streitigkeiten in Frauengruppen sind fast nicht mehr beizulegen, und Verzeihung wird zu einem Fremdwort. Aus der Sicht vieler Männer fallen Frauen, wenn es einmal zu einem offenen Bruch gekommen ist, wie Hyänen übereinander her. Sie stehen sich nicht mehr nur als Kontrahenten gegenüber, sondern werden zu Feindinnen. Man schwört Rache und lehnt die Kollegin oder den Kollegen total ab. Ein Dialog oder kultiviertes Streitgespräch ist undenkbar. Während bei Männern irgendwann der Moment kommt, wo man sich verzeiht, obwohl man sich immer noch „nicht mag" oder sogar als „Idiot" erlebt, können Frauen einen Streit nicht loslassen. „Ganz sicher werde ich nicht mit dieser falschen Person im gleichen Büro sitzen!", fordert eine Sekretärin vehement. Nachdem diese sie bei einer Kollegin angeschwärzt hat, gibt es keine Chance zur Aussöhnung mehr. Und auch in Beziehungen können Frauen Verletzungen nur schwer hinter sich lassen.

Von unechten Gefühlen

Ein weiterer Vorwurf der Männer an die Frauen ist ihre *Falschheit*. Als Mann ist man erstaunt, mit welcher Virtuosität Frauen Gefühle vorspielen und Schmeicheleien platzieren können. „Wunderbar, ihre Vorlesung!", flüstern zwei Studentinnen einem Dozenten zu, und dieser ist natürlich geschmeichelt. Sie merken, dass er Lob gerne hört, und versuchen konsequenterweise, ihn für die mündlichen Prüfungen schon einmal richtig zu temperieren. Frauen geben sich redselig, offen und ehrlich, doch eigentlich geben sie immer nur jene Informationen preis, die ihnen nützen oder anderen schaden. Geheimnisse oder eigene Peinlichkeiten werden verschleiert. Herauszufinden, was sie wirklich denken, ist für die Männer oft schwierig: Durch Stimme, Mimik und Auftreten versuchen sie für sich einzunehmen. Sie machen auf schüchtern und mimen Hilflosigkeit und Unerfahrenheit, wenn sie von einem etwas wollen. „Kannst du mir nicht helfen? Du verstehst doch sicher etwas von Computern!", hauchen sie durchs Telefon, wenn sie wollen, dass man ihnen die Festplatte neu formatiert. Viele Frauen sind sogar überzeugt, dass sich jeder Mann mit ein paar erotischen Signalen um den Finger wickeln lässt. Männer sind eine willige Manipuliermasse und lassen sich leicht verführen. Nicht jeder erkennt diese weibliche Strategie. Vielleicht spielt man jedoch mit und tut so, als hätte man sich vom Charme und von der erotischen Ausstrahlung der Frau beeindrucken zu lassen. Männer haben aber meist von sich selber das Gefühl, sei seien bei solchen Spielchen eher ungeschickt und hätten sowieso Mühe, Gefühle vorzutäuschen. Bei Seitensprüngen werden sie verlegen oder vergessen die Hotelquittung in der Jackentasche, und wenn sie den Valentinstag vergessen, dann geben sie es gleich zu. Bei Frauen läuft dies anders: Da sie über die wunderbare Gabe der Selbstsuggestion verfügen, merken sie meistens gar nicht, dass sie sich eigentlich von der Wahrheit entfernt haben. Außerdem stehen für sie oft nicht Tatsachen im Vordergrund, sondern das, was der oder die andere hören will. Informationen werden meistens automatisch auf das Ohr des Hörers zugeschnitten. Dies ist auch der Grund, warum Frauen Gespräche unter vier Augen Vorträgen vorziehen. Dann ist es viel leichter, die eigenen Worte dem Gegenüber anzupassen.

Launische Wesen

„Natürlich habe ich Freude an deinen Blumen, aber eigentlich weißt du doch genau, dass ich Tulpen gar nicht gerne mag!“ Ein weiterer Vorwurf, den Männer an Frauen richten, sind ihre Launen. Während der Mann in seiner Stimmung einigermaßen stabil bleibt, geht es bei Frauen rauf und runter. Sind sie schlechter Laune, dann kann man ihnen nichts recht machen. Sie jammern, nörgeln und machen einem das Leben schwer. Oft weinen sie sogar, damit sie einen noch mehr unter Druck setzen können. Wieso sind sie nicht fähig, sich zusammenzureißen und trotz schlechter Stimmung die Fassung zu bewahren und normal zu funktionieren? Stattdessen haben sie an allem etwas auszusetzen und nörgeln den ganzen lieben langen Tag. Eine Frau in diesem Zustand trösten oder ihr helfen zu wollen ist zwecklos: Alles, was man unternimmt, führt zu neuer Kritik:

„Du hast mir heute nur etwas gekocht, weil du ein schlechtes Gewissen hast! Ich weiß es genau!"

Meinungen statt Debatten

Bei Diskussionen oder bei der Suche nach Lösungen für Probleme sind – aus Sicht der Männer - Hypothesen wichtig. Es gilt, eine Sachfrage oder eine ideologische Position aus verschiedenen Perspektiven zu betrachten. „Westliche Anhänger des Buddhismus bleiben bei religiösen Fragen an der Oberfläche. Da es sich um eine bei uns kulturfremde Religion handelt, können wir sie letztendlich gar nicht verstehen", stellt ein fünfzigjähriger Grafiker fest. Statt Gegenargumente erntet er jedoch bei seinen Gesprächspartnerinnen nur persönliche Vorwürfe und Verunglimpfungen. „Du hast keine Ahnung!", „Ich kenne mich wirklich im Buddhismus aus! Ich war mehrmals in Südindien!" oder „Buddhismus ist allen zugänglich!" Das sind nicht unbedingt wirkliche Gegenargumente. Männer haben oft den Eindruck, dass es Frauen schwer fällt, ein für sie wichtiges Thema kritisch und nüchtern abzuhandeln. Wenn sie sich mit einer Meinung, Weltanschauung oder Ideologie identifizieren, dann sind keine Relativierungen zugelassen. Die Positionen sind klar, und Einwände werden als persönliche Angriffe empfunden. Als Mann vermisst man das spielerische Eingehen auf konträre Standpunkte oder wenigstens das Hinterfragen der eigenen Position. Es gibt nur noch richtig oder falsch. „Es ist absurd, zu glauben, es gäbe auch Männer, die von Frauen geschlagen würden! Der Mann ist das gewalttätige Geschlecht, und die Frauen sind die Opfer!", wird dem Diskussionspartner entgegengeschleudert, und er bekommt zudem böse Blicke, als er darauf hinweist, dass körperliche Überlegenheit nicht automatisch zu größerer Gewalttätigkeit führt. Bei Frauen stehen dagegen feste Meinungen im Vordergrund. Das intellektuelle, distanzierte Spiel mit Ideen missfällt ihnen. Bei Debatten wird man deshalb entweder als Freund oder Feind betrachtet.

3
Was Frauen gegen Männer haben

Im letzten Kapitel wurde den Männern das Wort gegeben. In diesem geht es darum, was Frauen denken, wenn sie sich über Männer ärgern. Was geht ihnen durch den Kopf, wenn sie sich von ihnen enttäuscht, verletzt oder betrogen fühlen? Welche Schlussfolgerungen ziehen und welche Gefühle entwickeln sie, wenn sie den Mann als fremdes Wesen erleben? Wiederum dürfen die Aussagen nicht allzu wörtlich genommen werden. Es geht auch hier um eine vereinfachend schematisierende Darstellung weiblicher Innenwelten, um subjektive Eindrücke und nicht um gesicherte Erkenntnisse. Aber auf das Körnchen Wahrheit, das hierin enthalten ist, kommt es uns hier an.

Sind Männer eine Enttäuschung?

Als Frau nimmt man Männer ernst. Man hört ihnen gerne zu, wenn sie über ihre Gefühle und Gedanken reden, über ihre Probleme klagen oder ihre Erfolge schildern. Wir schenken ihnen bereitwillig unsere Zeit und Aufmerksamkeit und sorgen uns sogar um ihre Gesundheit. Als Frau ist man bereit, zu kooperieren und gemeinsam Projekte anzupacken. Es gibt doch nichts Schöneres, als eine Familie zu gründen, einen Ausflug zu planen oder ein Unternehmen zu leiten.

Selbstverständlich braucht es für diese Zusammenarbeit soziale Basiskompetenzen. Gesprächbereitschaft und gegenseitige

Wertschätzung sind wichtige Voraussetzungen. Es ist klar, dass Entscheidungen gemeinsam gefällt werden und dass man Ansichten austauscht. Hier beginnt jedoch bereits das erste Problem: Die meisten Männer haben keine Ahnung von Kommunikation. Stundenlang können sie über sich erzählen, doch wenn sie mehr als zehn Minuten am Stück hinhören sollen, dann wirken sie abwesend oder beklagen sich. „Komm zur Sache!", unterbrechen sie, obwohl man noch nicht einmal richtig begonnen hat. Männer sind miserable Zuhörer! Sie schenken einer Frau nur dann wirklich das Ohr, wenn Aussicht auf Beute besteht. Beim Abendessen zu zweit mimen sie Interesse an den Problemen bei der Arbeit, am Zank mit einer Kollegin oder an den Sorgen mit den Eltern. Ein erotisches Abenteuer lockt und lässt die Herren der Schöpfung geduldig ausharren. Sobald diese Verlockung wegfällt, verwandeln sie sich wieder in Kommunikationskrüppel.

Die Schlussfolgerung ist einfach: Männer sind für viele Frauen ein konstanter Ärger. Sie haben nicht begriffen, dass der Mensch im Zentrum des Lebens steht, dass uns die Mitmenschen wichtig sein müssten. Die Erlebnisse, Gefühle, Gedanken und Empfindungen unserer Nächsten sollten wir doch ernst nehmen. Wir alle sind Teil einer Gruppe, eines Freundeskreises, einer Familie, und meistens haben wir auch einen Partner oder eine Partnerin. Es ist selbstverständlich, dass man das Privatleben und die Karriere auf die Wünsche der Menschen abstimmt, mit denen man am engsten verbunden ist. Entscheidungen und Pläne werden mit dem Partner koordiniert, und natürlich denkt man bei beruflichen Entscheidungen immer auch an die Kinder. Man kümmert sich *gemeinsam* um Haus, Herd und Karriere. Niemand soll sich dem anderen unterordnen, sondern es gilt, die jeweiligen Verantwortlichkeiten im Konsens zu regeln. Als Frau nimmt man selbstverständlich bei der Ausbildung und der eigenen Karriere auch auf die Bedürfnisse des Partners und der Familie Rücksicht. Man berät sich mit dem Freund, bevor man eine Stelle in einer anderen Stadt annimmt. Man bricht vielleicht sogar die Ausbildung ab, um sich mehr um die Kindern zu kümmern, oder vernachlässigt den eigenen Freundeskreis, weil man sich dem Kollegenkreis des Mannes widmen möchte. Als Frau gibt man im Zweifel nach, im Vertrauen darauf, dass auch der Partner sich grundsätzlich mit dem gleichen Modell identifiziert.

Blind für Beziehungssignale

Leider ist diese Binsenwahrheit nicht bis zu den Männern durchgedrungen. Sie denken prinzipiell nur an sich selbst. Als Frau muss man immer wieder erleben, dass Männer blind sind für die Empfindungen, Bedürfnisse und privaten Situationen ihrer Mitmenschen. Empathie ist für sie ein Fremdwort. Sie laufen als Autisten durch die Welt und haben nur ihre eigenen Pläne und Projekte im Kopf. In sozialen Situationen sind sie rasch überfordert. Den Flachbildschirm beim Kollegen registrieren sie sofort, doch für die einfachsten Signale ihrer Mitmenschen haben sie keine Augen. Merkt er denn nicht, dass die Tischnachbarin sich überhaupt nicht für seine Erzählungen aus dem Jemen interessiert? Männer leben in ihren Köpfen und konstruieren sich die Welt nach ihrer Fasson. Während sie problemlos die Daten des neuesten Airbus-Modells merken können, haben sie Mühe, sich an die Geburtstage der eigenen Kinder zu erinnern oder persönliche Geschenke zu machen. Ein Mann ist imstande, ein Jahr lang das Büro mit einem Kollegen zu teilen, ohne zu wissen, ob er eine Familie hat. Worüber reden Männer eigentlich? Sie unterhalten sich über das Geschäft, Politik, Sport oder Autos, aber wie es ihren Mitmenschen geht, interessiert sie nicht. Sie wissen, wie die Landung in der Normandie erfolgte oder wann Neil Armstrong den Mond betreten hat, doch den eigenen Hochzeitstag vergessen sie. Dass das Persönliche zweitrangig ist, merkt man auch an ihren Berichten: Erzählen sie von einem gesellschaftlichen Ereignis, dann ist die Schilderung eigenartig dürr. Lebhaft berichten sie von ihren eigenen Gedanken – aber waren nicht auch noch andere Menschen anwesend? Es handelte sich doch um eine Gelegenheit, wo Beziehungen geknüpft, Gespräche geführt und Tausende wichtige Informationen ausgetauscht wurden. Ihr äußerst knapper Bericht gibt sicher nicht das tatsächliche Geschehen wieder.

Auch wenn Männer begeistert von einem Gespräch oder einem persönlichen Kontakt nach Hause kommen, sind die Berichte oft ziemlich farblos. „Gestern habe ich einen guten Typen getroffen, wir haben uns sehr gut verstanden und drei Stunden lang intensiv miteinander gesprochen." – „Aha? Wie alt ist er? Was macht er?" – „Woher soll ich das wissen? Wir haben nur über die Südanflüge des hiesigen Flughafens diskutiert."

Bei Männern hat man immer wieder den Eindruck, sie schauten an ihren Mitmenschen vorbei. Sie reden gerne über eine großartige Segeltour und schwärmen von der Produktion raffinierter Computermäuse, aber sie merken nicht, dass der Zuhörer eigenartig bleich ist. Männer wissen nicht, wie viel Mimik, Gesten, Augenbewegungen und Kleidung über die Persönlichkeit und den seelischen Zustand eines anderen Menschen sagen können. „Wie findest du das Paar, das wir gestern getroffen haben?" – „Flotte Leute, haben ein interessantes Haus gebaut!" – „Sag mal, hast du nicht bemerkt, dass sie sich weder berühren noch im Gespräch aufeinander Bezug genommen haben?"

Ihre leicht autistische Einstellung dem Leben gegenüber zeigt sich – in der Wahrnehmung der Frauen - auch in der Karriereplanung. Frau und Kinder sind ihnen enorm wichtig. Wenn es jedoch um konkrete Entscheidungen geht, dann sind die Interessen der Familie plötzlich zweitrangig. Natürlich steht die Familie im Zentrum, aber das bedeutet natürlich nicht, dass man eine Teilzeitstelle annimmt. „Gerade jetzt wäre es absolut fatal, wenn ich mich weniger für die Firma einsetzen würde!", „Noch zwei Jahre, dann habe ich den Punkt erreicht, wo ich kürzer treten kann!" oder „Weißt du, in meinem Business ist es gar nicht möglich, dass man sich teilzeitlich engagiert." Plötzlich gibt es eine „schwierige Berufsphase", ist ein Auslandsaufenthalt angesagt oder verlängern sich die Arbeitszeiten. Abgesehen von ganz seltenen Ausnahmen lässt die Beteiligung der Männer am Haushalt und der Familie durchaus zu wünschen übrig. Anscheinend widmen sich Väter durchschnittlich höchstens fünf Minuten pro Tag den Kindern. Der Haushalt wird, allen Parolen zum Trotz, immer noch größtenteils den Frauen überlassen. Je mehr man sich als Frau dem Mann anpasst, desto egozentrischer wird er. Und er merkt schon gar nicht, dass man als Frau für die Beziehung, die Familie und das gemeinsame Wohlergehen Opfer bringt.

Balzrhetorik

Natürlich klingt es anders, solange man mit einem Mann noch nicht zusammenlebt, noch keine Familie gegründet hat. In der Verliebtheitsphase versprechen Männer ihren Freundinnen das Blaue vom Himmel. Sie präsentieren sich als die große Ausnahme: Zwei Tage die Woche werden sie zu Hause bleiben, sich intensiv den Kindern widmen, den Großeinkauf tätigen und sich natürlich all der mühsamen, kleinen Details der Haushaltsführung annehmen. Man ist ja schließlich kein Macho und lehnt die Männerrolle des 19. Jahrhunderts ab. Man interessiert sich für Beziehungen und Mitmenschen. Viele Männer können während der Verliebtheitsphase sogar mehr als fünf Minuten zuhören. Sie stellen Gegenfragen, wenn man von einer Freundin oder von der Therapieausbildung berichtet, oder sie machen fantasievolle Geschenke. Wer schmilzt nicht, wenn zum 31. Geburtstag plötzlich 31 Rosen in der Wohnung stehen oder man zu einem wunderbaren Candle-Light-Dinner eingeladen wird. Gerne schwelgt man in der Vorstellung einer gemeinsamen Reise nach Patagonien oder zu den Äußeren Hebriden. Männer präsentiert sich während der Balzphase als der neue Mann: emanzipiert, aufgeklärt, kinderlieb und als einsame Spitze in Haushaltsfragen. Gerne ist man als Frau bereit, für einen solchen Mann eigene Pläne und Interessen zurückzustellen. Da er ja deutlich bekundet hat, dass er anders ist als die Mehrheit der Männer und zur Kooperation bereit, kann man ein Auge zudrücken und sich vorläufig auch vier Tage die Woche den Kindern widmen. Unter Umständen ist man sogar bereit, die Stelle zu kündigen oder eine Ausbildung zu unterbrechen. Denn gemeinsame Haushaltsführung und Familienarbeit sind ja nicht nur ein Fernziel, sondern festes Programm.

Leider stellen sich diese Versprechungen und Träume oft als heiße Luft heraus. Wenn man bereits die dritten Ferien mit den Kindern alleine verbringt, weil der Partner wegen einer „dringenden Umstrukturierungsphase" nicht nachkommen kann, dann realisiert man, dass man auf *Balzrhetorik* hereingefallen ist. Die Einstellungsänderung geschieht dann langsam und schleichend. Mit den Jahren vergessen die Männer die Versprechungen und Pläne der Balzphase und richten es sich in der Beziehung ein, wie es ihnen wirklich entspricht. Geheiratet hat man einen romantischen Bonvivant; was man bekommt, ist jedoch ein nüchterner Bankangestellter, der darüber klagt, dass die Automatik am Garagentor immer noch nicht funktioniert. Als Frau wird man skeptisch oder jedenfalls realistisch. Wurde man doch irgendwie rhetorisch hinters Licht geführt? Verbal zollt der Mann natürlich dem neuen Männerbild Tribut und lehnt Pascha-Allüren ab. Eigentlich hat er sich jedoch nicht groß verändert. Ist die Allerliebste erst einmal domestiziert und durch die Kinder an das Zuhause gebunden, dann kann man getrost auf die alten Verhaltensmuster zurückgreifen. Als Frau ist man enttäuscht und vielleicht ein wenig ungehalten. Wenn der Partner emotional bezogen bleibt und den eigenen Einsatz schätzt, kann man sich mit der neuen Situation abfinden. Unerträglich wird es jedoch, wenn man nur noch zum Inventar gezählt und vom Partner als Randfigur behandelt wird. Solange man funktioniert, für die Kinder sorgt und Gäste bewirtet, ist man akzeptiert. Sobald man jedoch eigene Bedürfnisse anmeldet oder Probleme besprechen will, reagiert der liebe Mann mit Aufmerksamkeits- oder sogar Liebesentzug.

Übergroßes Ego

Ein weiteres Problem ist die Egozentrik der Männer. Statt zu diskutieren und im Konsens über die nächsten Schritte zu entscheiden, legen sie alles in ihrem Kopf fest. Wenn man Glück hat, wird man rechtzeitig in ihre Entscheidungen eingeweiht. „Ich habe es mir überlegt, wir wechseln das Hotel!", teilt ein Mann seiner verblüfften Familie mit. Seine Frau ist bass erstaunt: „Was? Wir haben uns hier doch gerade erst eingerichtet!" Männer kooperieren, so erleben es viele Frauen, solange man ihren Anweisungen folgt. Aber sobald man eigene Vorstellungen oder Absichten einbringt, wird es schwierig. In einem Gespräch gemeinsame Ideen zu entwickeln fällt ihnen schwer. Diskussionen sind dazu da, den anderen von den eigenen Absichten und Meinungen zu überzeugen. Männer haben die Antworten bereits im Kopf. Nicht das gemeinsame Eintauchen in ein Thema steht im Zentrum, sondern das Verkünden der eigenen Theorie. Männer fallen darum gerne ihren Gesprächspartnern ins Wort oder missbrauchen eine Gesprächsrunde als Bühne für ihre eigenen Ansichten.

Gefühlskrüppel

Besonders schwierig wird es bei den Gefühlen. Die Mehrheit der Frauen hat den Eindruck, dass Männer in ihrem Gefühlsausdruck beschränkt sind. Sie sehen nicht ein, dass Gefühle doch etwas Wunderbares sind und das Leben interessant und spannend machen. Wichtig wäre es, dass wir unsere Mitmenschen an unseren Emotionen – sei es Freude, Trauer oder Schmerz – teilhaben lassen. Wir sollten uns anderen mitteilen und ausdrücken, was in uns vorgeht. Dank der Sprache merken wir erst, was einen anderen Menschen bewegt. Unsere Gefühle sollten auch in Alltagshandlungen einfließen. Man bedankt sich mit einer kleinen Aufmerksamkeit oder drückt in Worten aus, dass man jemand gern hat. Dort ein Blumenstrauß, hier eine Karte oder ein

Praline. Dank solchen Handlungen stehen wir mit den Mitmenschen in einer positiven Beziehung.

Leider sind die Leistungen der Männer in dieser Hinsicht eher dürftig. Über ihre Gefühle zu reden fällt ihnen schwer. Sie vergessen, dass es wichtig wäre, einer Mitarbeiterin zu ihrem zwanzigjährigen Jubiläum einen Blumenstrauß zu schicken oder auszudrücken, dass man jemand schätzt oder gern hat. Oft fragt man sich sogar, ob sie über das gleiche Gefühlsrepertoire wie die Frauen verfügen. „Vermisst du mich eigentlich, wenn du auf Reisen bist?“ – „Doch, eigentlich schon“. – „Woran merkst du das?“ – „Es fehlt der Kaffee auf dem Nachttisch, den du mir sonst morgens bringst.“

Ihre Ausdrucksfähigkeit ist jedoch nicht nur der Partnerin gegenüber beschränkt, Kollegen gegenüber ist es nicht besser. Männer unter sich sprechen selten Gefühle an. Lieber verkriechen sie sich in eine Höhle, als zu verraten, was wirklich in ihnen vorgeht. Zuneigung wird verklausuliert ausgedrückt: „So, gibt es dich alten Sack immer noch! Wurdest du noch nicht aus dem Verkehr gezogen?“, wird ein Freund begrüßt. Kein Wort des Mitgefühls wegen seiner beruflichen Schwierigkeiten. Hinter der scheinbar despektierlichen Begrüßung verbirgt sich jedoch eigentlich eine klare, für Frauen unverständliche Freundschaftsbezeugung.

Wenn es schon bei alltäglicheren Gefühlen nicht einfach ist – noch schwieriger wird es bei echtem Schmerz. Wenn Männern leiden, dann erleichtern sie sich nicht durch einen Wortschwall. Sie tun so, als sei doch alles „kein Problem“, und verbergen ihren Frust. Misserfolge werden als Folge des Schicksals betrachtet. „Dumm gelaufen!“, war die abschließende Bemerkung eines Mannes, dessen Werbefirma bankrott war. Obwohl wir inzwischen in Illustrierten, psychologischen Ratgebern und Forschungsberichten nachlesen können, dass Männer auch weinen dürfen, schämen sie sich immer noch, Tränen zu zeigen. Man muss ja nicht gleich zur Heulsuse werden; doch hier und da eine Träne zu verdrücken ist keine Schande. Trotzdem bleiben Männer standhaft: Sie weinen viel seltener als Frauen und meistens nur bei größtem Stress, tiefer Trauer oder wenn sie von etwas extrem berührt werden. Als Kommunikationsmittel ist Weinen für sie ein Tabu.

Weinen tun sie immer bei der falschen Frau

Natürlich stimmt das mit den Gefühlen und dem Weinen nicht ganz so. Auch Männer können ihre Emotionen ausdrücken, ihre persönlichen Empfindungen schildern und ihr Leid klagen. Das Problem ist jedoch: Sie wählen dazu selten ihre Partnerin aus. Bei fremden Frauen quellen sie oft über vor Emotionen. Wenn Männern sich öffnen, dann tun sie dies nicht zu Hause, sondern bei einer „guten Kollegin“, in einer neuen Bekanntschaft oder bei der sprichwörtlichen Bardame. Ein attraktives Gegenüber hilft sehr. Es genügen ein paar erotische Signale, und sie sitzen da und laufen über vor Gefühlen und Selbstmitleid. Natürlich nimmt man es als Frau nicht ernst, wenn sie schwören, man sei die ultimative Traumfrau und sie würden alles für einen gemeinsamen Abend tun. Aber wenn Männer ein erotisches Objekt sehen, das nah und doch unerreichbar ist, dann lockert sich jedenfalls ihre Zunge. Sie schieben Stewardessen Visitenkarten zu oder beschenken Sekretärinnen mit Blumensträußen, während der eigene Hochzeitstag vergessen wird. Und als Frau ist man es eigentlich leid, immer wieder von verheirateten Kollegen oder flüchtigen Bekannten hören zu müssen, wie sie von der Ehefrau oder letzten Freundin nicht verstanden wurden, dass die Mutter sie nie liebte oder dass sie erst jetzt endlich zu ihren *wahren* Gefühlen fanden. Vielleicht stimmt es, und dieser sensible, flotte Mann trifft zum ersten Mal auf eine Frau, die ihn versteht? Man ist gerührt und für kurze Zeit mit dem männlichen Geschlecht versöhnt. Denkt man jedoch an die eigenen Erfahrungen mit Angehörigen des starken Geschlechts zurück, dann meldet sich Skepsis. Man weiß, dass Männer einem alles versprechen, wenn man sie zappeln lässt, aber sobald sie einen „auf sicher haben", dann fallen sie in ihre alten Verhaltensmuster zurück. Sie drücken nicht ihre Gefühle aus, sondern zelebrieren Emotionalität, damit sie an ihre Beute herankommen. Was sie in solchen Ausnahmesituationen versprechen, ist also nicht so ernst zu nehmen.

Veränderungsresistenz

Beziehungen sind etwas Großartiges. Es gibt nichts Schöneres, als mit einem geliebten Menschen den Alltag zu verbringen oder zusammen die Zukunft zu planen. Hat man den Mann gefunden, der zu einem passt und den man liebt, dann eröffnen sich plötzlich neue Perspektiven. Eine wunderbare Lebensreise beginnt. Man schmiedet Pläne und packt Projekte an. Vielleicht meldet sich der Kinderwunsch, oder man entschließt sich, sich gegenseitig in der beruflichen Karriere zu fördern. Vielfach fühlt man sich auch dank der Beziehung zu einem geliebten Mann als Frau bestätigt. Eine neue Beziehung erlebt man als wunderbares Geschenk. Sicher, im Hinterkopf weiß man, dass jede neue Beziehung mit Risiken behaftet ist. Ist die Verliebtheitsphase vorbei, dann beginnt man einander genauer zu betrachten. Es dämmert einem, dass der Partner möglicherweise nicht alle Erwartungen erfüllt, die man hegte. Er verliert an Glanz. Schwächen und problematische Persönlichkeitseigenschaften tauchen auf. Der Enthusiasmus der Verliebtheitsphase weicht einer nüchternen Beurteilung des anderen. Seine Lockerheit stellt sich als Unzuverlässigkeit heraus, seine Fähigkeit zu spontanem Kontakt als oberflächliches Gehabe und seine Gemütlichkeit als Faulheit. Spätestens nach zwei Jahren wird das Bild, das während der romantischen Phase entworfen wurde, brüchig. Man war überzeugt, einen grünen Idealisten geheiratet zu haben, der aus innerster Überzeugung Reformprodukte verkauft. Ernüchtert nimmt man nun zur Kenntnis, dass man das Leben mit einem cleveren Geschäftsmann teilt. Der Liebste hat Fehler! Die Unzulänglichkeiten und

Schwächen des Partner beginnen einen zu beschäftigen. Hat er immer noch nicht begriffen, dass Frotteetücher nicht auf den Boden geworfen, sondern sorgfältig aufgehängt werden, damit sie trocknen und sich keine Keime bilden? Kann er sich endlich bei seinem Chef durchsetzen? Als Frau erlebt man seinen Partner als Menschen mit Unzulänglichkeiten und Schwächen. Er ist offenbar doch nicht der Märchenprinz, den man sich erhofft hatte.

Natürlich ist dies alles kein ernsthaftes Problem. Man liebt ihn ja trotzdem, und außerdem bedeutet Beziehung gegenseitige Hilfe und Unterstützung. Schließlich glaubt man an seinen Partner und weiß um sein Potential. Schwächen werden verziehen. Es gibt jedoch eine Bedingung: Er muss bereit sein, an seinen Mängeln zu arbeiten. Unter diesen Umständen ist man als Frau gerne bereit, die persönliche Entwicklung des Partners zu fördern. Wer liebt, sieht in den Unzulänglichkeiten des Partners eine persönliche Herausforderung. Mit Hinweisen, kleinen Ermahnungen und Ratschlägen wird dem Partner geholfen, sich zu perfektionieren: „Ich wäre sehr froh, wenn du in Zukunft nicht einfach dein Pyjama auf dem Boden liegen ließest!“; „Schatz, ich ertrage es einfach nicht, wenn du immer ‚es ist‘ sagst. Sag doch einfach ‚ich finde‘!“ oder „Willst du tatsächlich mit deinen langweiligen Kollegen auf eine Radtour über den Schwarzwald?“ Als liebende Partnerin schlägt man ihm einen Kurs vor, der seine Entwicklung fördern wird, und zum Geburtstag wird er mit einem Buch über Streitkultur zwischen den Geschlechter beschenkt. Es gibt viele Möglichkeiten. Bald wird er einsehen, dass die Gespräche in seinem Kegelclub hohl sind, dass er sich nicht ausschließlich in seine Projekte vertiefen und nicht so viel Geld für afrikanische Masken ausgeben sollte. Liebend setzt man sich ein, damit der Partner wieder zu dem Idealmann wird, der er einmal war. Man weiß ja: Frauen sind die Beziehungsarbeiterinnen, Männer lassen es einfach mit sich geschehen.

Die Resultate sind ernüchternd. Trotz enormem Einsatz tut sich nichts. Männer begreifen nicht, dass Beziehung auch Arbeit an sich bedeutet. Männer sind veränderungsresistent. Ihre Interessen, ihre Einstellungen und ihre Sprache bleiben dieselben. Es beginnt bei Kleinigkeiten: Den Bierdeckel, der auf dem Küchentisch liegen geblieben ist, sehen sie immer noch nicht, den WC-Deckel klappen sie immer noch nicht runter, und ihre persönliche Organisation bleibt ein Chaos. Auch ihr Kommunikationsstil verbessert sich nicht. Trotz innigsten Bitten und zahlreichen Ermahnungen unterbrechen sie einen weiterhin und können nicht gut zuhören. Sie prahlen weiter und drängen ihre Ratschläge auf, ohne die wirkliche Problemlage zu kennen. Oft geht der Schuss nach hinten los. Man bemüht sich, die Ferien zu einem Familienerlebnis zu machen, und bittet den Mann inständig, den Laptop zu Hause zu lassen. Die Folge? Plötzlich kann er sich nur noch eine Woche Ferien erlauben. Vielleicht hat man sich aber auch gegenüber dem Mann durchgesetzt. Er beteiligt sich zur Hälfte an der Hausarbeit, und zu den Trinkrunden mit Kollegen darf man mitkommen. Doch oft handelt es sich um Pyrrhussiege. Statt auf seine Entwicklung vom Macho zum emanzipierten Mann stolz zu sein, verliebt er sich in ein fünfzehn Jahre jüngeres „Luder". Männer sind undankbar. Sie wissen den Einsatz nicht zu würdigen und sind wie Granit. Diese Veränderungsresistenz lässt der Frau oft keine andere Wahl, als sich zu verabschieden. Bleibt sie trotzdem in der Beziehung, dann stehen harte Zeiten bevor: Es muss doch einen Weg geben, ihn trotzdem zu erreichen und ihm zu helfen, sein positives Entwicklungspotential endlich zu nutzen. Auch Männer sollten irgendwann begreifen, dass Beziehungen die Verpflichtung mit sich bringen, sich jeden Tag mit der Partnerin auseinander zu setzen. Diese dynamische Form der Beziehung überfordert jedoch die meisten Männer. Sie haben zwar gern Frau und Familie, aber in ihrer Lebensweise wollen sie nicht gestört werden. – So die etwas schematisierende Wahrnehmung des Mannes durch die Frau.

4
Unterschiede zwischen den Geschlechtern

Bevor wir uns direkt mit dem Thema der Auseinandersetzungen und Streitigkeiten zwischen Männern und Frauen befassen, müssen wir uns einmal genauer fragen, wo sich die Geschlechter eigentlich unterscheiden. Wenn wir diese Differenzen kennen, dann verstehen wir vielleicht auch die Hintergründe des Streitverhaltens zwischen den Geschlechtern besser.

Wenn in diesem Kapitel von weiblichen und männlichen Eigenschaften die Rede ist, dann jedoch immer im Sinne von Tendenzen. Mit anderen Worten: Bei den „weiblichen" und „männlichen" Eigenschaften, die in diesem Kapitel abgehandelt werden, handelt es sich um Generalisierungen, die meist auf wissenschaftlichen Untersuchungen beruhen. Natürlich sind aufs Ganze gesehen die Gemeinsamkeiten zwischen Männern und Frauen wichtiger als das Trennende. Und weil jeder Mensch sich natürlich immer auch durch je individuelle Eigenarten auszeichnet, wird man nicht bei jedem oder jeder Einzelnen das „Typische" wiederfinden. Wenn hier trotzdem zwischen weiblichen und männlichen Eigenschaften unterschieden wird, dann deshalb, weil sie oft den Kern der Streits betreffen. Bei Auseinandersetzungen mit einem Angehörigen des anderen Geschlechts werden diese typischen Eigenschaften besonders deutlich wahrgenommen. Oft führen gerade sie zur Eskalation, oder sie sind sogar der Grund der Streitigkeiten.

„An der Podiumsdiskussion können nicht nur Schüler teilnehmen, es braucht mindestens zwei Schülerinnen!“, fleht der Rektor der Oberstufenklasse eine Schülerdelegation an. Die drei jungen Frauen lassen nicht mit sich reden. Nein, antworten sie, nur diese Kollegen hätten sich zur Verfügung gestellt und hätten Lust, mit Politikern über „Multikulti“ zu debattieren; Schülerinnen hätten sich keine gemeldet. Verzweifelt versucht der Rektor den drei Schülervertreterinnen klar zu machen, dass eine Schule mit zu 98 % weiblichen Studierenden unmöglich durch drei junge Männer repräsentiert werden kann.

Bei der Arbeit und im Privatleben werden wir immer wieder mit weiblichen und männlichen Verhaltensweisen konfrontiert. Wir glauben, ein Spruch sei „typisch Mann“ oder eine Reaktion „typisch Frau“. Spontan schreiben wir einem Geschlecht bestimmte Eigenschaften zu. „Nur ein Mann“ merkt nicht, was seine Kollegin im Schilde führt, wenn sie ihm ein Hemd schenkt, oder „nur eine Frau“ will fünf Minuten vor dem Abpfiff eines wichtigen Fußballspiels unbedingt und sofort wissen, ob das neue Abendkleid hübsch sei. Es kann eine Handlung, eine Sprechweise, eine Entscheidung oder ein Interesse sein, das wir als typisch weiblich oder typisch männlich empfinden. Aber dann fragt man sich auch: Greife ich auf ein Stereotyp zurück? Ist es überhaupt zeitgemäß, weibliche und männliche Eigenschaften zu unterschieden? Sitzen wir vielleicht in Wirklichkeit einem *Vorurteil* auf? Weibliche und männliche Stereotypen gelten als Überbleibsel aus einer Epoche, als der Mann unbestritten das Familienoberhaupt war und Frauen nur ans Bügeln dachten.[5] Wer trotzdem in solchen Klischees denkt, so lautet der Verdacht, der lebt noch in einem überholten Weltbild: Das Verhalten des Menschen nach Geschlechterkategorien zu beschreiben ist definitiv out und weckt den Verdacht auf Sexismus![6] Natürlich gibt es psychologische Geschlechtsunterschiede, argumentieren vor allem die Anhänger des Gender-Feminismus, sie reduzieren sich jedoch auf einige unwichtige Details des Verhaltens und Denkens.[7] Man weiß oder glaubt zu wissen, dass Frauen weniger gut einparken,

Details rascher erkennen und ein schlechteres räumliches Vorstellungsvermögen haben.[8] Betrachten wir jedoch das gesamte Denken, Fühlen und Erleben oder gar die Talente, dann sind die Unterschiede irrelevant. Die vermeintlichen Unterschiede zwischen den Geschlechtern sind lediglich ein soziales „Konstrukt".[9] Sie werden uns im Laufe der Erziehung antrainiert und durch die Werbung verfestigt. Die Gesellschaft schreibt Differenzen zwischen Mann und Frau fest, weil „man(n)" sie braucht. Ein aufgeklärter, nachdenklicher und intelligenter Repräsentant der westlichen Kultur wird diese Zuschreibungen nicht für bare Münze nehmen.[10] In ihren Eigenschaften und Verhaltensweisen sind die Geschlechter grundsätzlich *gleich*, ist das Credo. Psychologische Geschlechtsunterschiede sind entweder Täuschungen oder von der Gesellschaft gesetzt. Wir definieren eine Eigenschaft als weiblich oder männlich und übersehen, dass es sich um individuelle *Persönlichkeitsvarianten* handelt. Will die Partnerin nach einem Betriebsausflug genau wissen, wer dort war und worüber gesprochen wurde, dann entlarvt man sich als Macho, wenn man ihr ein weibliches Klatschinteresse unterstellt. Es gebe sie nicht, *den* Mann und *die* Frau, sondern nur den *Menschen* an sich mit seinen Eigenschaften und Verhaltensweisen. Es sei an der Zeit, *geschlechtsneutrale* Persönlichkeitskategorien zu verwenden: ein sozialer Mensch mit starken verbalen Fähigkeiten, ein Künstler, ein Chaot, ein Gefühlsmensch, eine schizoide oder manische Persönlichkeit. In Podiumsdiskussionen, bei Talkshows und in der einschlägigen Literatur wird betont, dass die Unterschiede zwischen den Menschen um einiges größer sind als etwaige Geschlechterunterschiede. Brüste und ein breiteres Becken bedeuten nicht, dass auch das Gehirn anders verknotet wäre oder die Gefühle anders geordnet würden. Wer den Geschlechtern feste Eigenschaften zuweisen will, der verfällt der Denkweise des 19. Jahrhunderts, als man noch vom schwächeren, intellektuell weniger begabten Geschlecht sprach.[11]

Aus der Sicht der Gender-Theorie (die heute die Bildungs- wie auch die politische Diskussion dominiert) werden geschlechtsspezifische Eigenschaften also lediglich zugeschrieben. Die vermeintlichen Geschlechtseigenschaften gründen nicht auf hormonellen, neurologischen oder biologischen Differenzen, sondern sie werden *konstruiert*.[12] Die „unangefochten Grundüberzeugung“[13] der Gender-Theorie ist, dass es sich beim Geschlecht um eine *soziale Kategorie* handelt. Wer mit typisch weiblichen und männlichen Charakterzügen argumentiert, vereinfacht also komplexere soziale Zusammenhänge. Bei diesen *gesellschaftlichen Zuschreibungen* spielen – offen oder versteckt – immer auch Interessen, Normen und Wertungen eine wesentliche Rolle. Wenn beispielsweise behauptet wird, dass Frauen sich weniger für Computer interessieren und Männer ungern shoppen, dann beschreibt das nicht die objektiven Verhältnisse, sondern spiegelt lediglich die Erwartungen wider, die Frauen gegenüber gehegt werden: Unsere Kultur schreibt vor, dass Frauen sich nicht für Computer interessieren. Sie haben dafür ein größeres Interesse an Menschen. Solche Vorurteile haben wir nach der Ansicht des Gender-Feminismus internalisiert. Die Gender-Bilder wirken aus dem Unbewussten heraus und lenken unsere Wahrnehmungen und Empfindungen. Deshalb sind wir überzeugt, männliche oder weibliche Eigenschaften zu *erkennen*, obwohl es sich nur um Zuschreibungen handelt. Wenn Frauen bei Sozialkontakten mehr lächeln, dann nur deshalb, weil sie bereits als kleine Mädchen dazu angehalten wurden. Anders als bei den Jungen erwartet man von ihnen, dass sie freundlich und nett sind und den Blickkontakt suchen. Da vom Mann kein solches Verhalten erwartet wird, lächelt er auch weniger. Schon von kleinen Jungen wird erwartet, dass sie tapfer, risikofreudig und frech sind – kein Wunder, wenn sie als Männer ihre persönlichen Gefühle unterdrücken, viel Geld bei Börsenspekulationen verlieren und kein persönliches Gespräch führen können.[14] Ohne es zu merken, tragen Eltern und Lehrer Klischees und Normen weiter. Wir sind alle *gefangen* in diesen Vorstellungen, die unsere Umgebung und vor allem die Erziehungsinstitutionen uns aufdrängen. Und diese Vorurteile haben sogar außerdem noch die Tendenz, dass sie sich immer wieder selbst bestätigen! Sind wir überzeugt, dass

Frauen sich weniger für Sport interessieren, dann treffen wir natürlich immer wieder auf sportlich desinteressierte Frauen. Dieser Mechanismus hat zur Folge, dass wir geflissentlich an all den weiblichen Wesen vorbeisehen, die sich leidenschaftlich für Fußball, Eishockey und Skirennen interessieren.

Nach der Theorie des Gender-Feminismus erfolgen diese Zuschreibungen *absichtlich*, nämlich als Mittel der *Diskriminierung*: Es geht darum, Frauen von gesellschaftlich interessanten Aufgaben und von Machtpositionen fernzuhalten. Die Männer schreiben dem Gegengeschlecht größere Kinderliebe, soziales Verständnis und einen größeren Sinn für den Haushalt zu, damit sie sich weigern können, sich an der Familienarbeit zu beteiligen, und damit sie sich so selber beruflich verwirklichen und die Gesellschaft nach ihrer Fasson gestalten können. Wer darum heute noch mit Geschlechtsunterschieden argumentiert, macht sich also verdächtig.[15]

Aus feministischer Perspektive gilt es, das *soziale und politische System* zu verändern. Notwendig sind *Aufklärungskampagnen* und *politische Maßnahmen*, damit wir unsere Scheuklappen ablegen und die Diskriminierungen ein Ende haben. Es gilt, bei den Mädchen die Freude an Mathematik, Fußball oder körperlichen Auseinandersetzungen zu wecken und bei Jungen das Interesse an Puppen und sozialen Tätigkeiten. Fördermaßnahmen sind angezeigt, damit die Untervertretung von Frauen in einzelnen Berufen ein Ende hat. „Ich werde Automechanikerin!", sagt eine hübsche junge Frau auf einem Plakat im Rahmen einer Aktion von Berufsschulen, und ihr männlicher Kollege erklärt, er strebe den Beruf eines Stylisten an. Das Ziel ist dabei der Abbau von Stereotypen. An Pädagogischen Hochschulen wird in Zusammenhang mit dem „doing gender"[16] den Studenten eingeschärft, auf weibliche und männliche Zuschreibungen zu achten. Die Geschlechterdifferenzen sind das Produkt eines interaktiven Handelns und werden durch das gesellschaftliche System produziert.[17] Zwischen Frauen und Männern wird unterschieden, weil der gesellschaftliche Diskurs den Geschlechtsunterschied als Metapher verwendet, um Differenzen auszudrücken. Schüler und Schülerinnen sollen für solche gesellschaftliche Klischees sensibilisiert werden, auch die Lehrmittel werden sorgfältig daraufhin kontrolliert. Es werden Jungen gezeigt, die mit Puppen spielen, oder Familien, bei denen die Mutter zufrieden die Tageszeitung liest, während der Vater den Abwasch erledigt.[18] Die Schule soll nachholen, was Familie und Gesellschaft versäumt haben. Es gibt für die Schulen auch spezielle Programme, um Geschlechterstereotypen auszumerzen. Jungen sollen das Konkurrenzdenken ablegen, nicht in Hierarchien denken, persönliche Gefühle im direkten Kontakt ausdrücken und nicht kämpfen, wird im Rahmen von „Bubenarbeit" den Schülern suggeriert. Auch für die Berufswelt werden Maßnahmen gefordert, damit Geschlechterparität erreicht wird. Überall, wo Frauen „untervertreten" sind, wird Diskriminierung befürchtet. Es kann sich um direkten Benachteilungen handeln oder den so genannten Glass-Ceiling-Effekt: Der Aufstieg von Frauen wird durch versteckte Diskriminierungen verhindert.[19] Wird die magische Quote von dreißig oder fünfzig Prozent nicht erreicht, dann gilt es Maßnahmen zu ergreifen. Auch für die Werbung, die Presse oder die Erziehung wird der Verzicht auf Geschlechterklischees gefordert. Wenn bei dem italienischen Fernsehsender Rai Uno ein Mann vor dem Hintergrund einer Schar leicht bekleideter Frauen auftritt, gehöre dies ebenso verboten, wie wenn in einer Reklame eine Frau in der Küche gezeigt wird.[20]

Aber trotz aller Kampagnen denken und verhalten sich Männer und Frauen immer noch gemäß Geschlechterstereotypen. Die Mehrzahl lässt sich von den offiziellen Leitbildern und akademischen Debatten nicht besonders beeindrucken, sondern geht ihre eigenen Wege. Während sich die wichtige Idee der Gleichberechtigung der Geschlechter in der Öffentlichkeit durchgesetzt hat und die Emanzipation inzwischen eine Selbstverständlichkeit ist, orientieren sich Männer und Frauen im *persönlichen* Leben an traditionelleren Rollen.[21] Frauen optieren weiterhin für weibliche Tätigkeiten und Werte, während Männer in den klassischen männlichen Domänen bleiben.[22] In der Gestaltung des persönlichen Lebens unterscheiden sich die Geschlechter nach wie vor.[23] Werden Studierende gefragt, wie ihre Berufspläne aussehen, dann berücksichtigen Frauen ihre Beziehungssituation und denken an mögliche Kinder, auch wenn sie den Männern in nichts nachstehen.[24] Männer hingegen denken nur an den Beruf und vergessen die Frage, wie die eigene Karriere mit Familienplänen koordiniert werden könnte.[25] Auch bei der Berufswahl zeigen sich geschlechtstypische Präferenzen. Gemäß einer Untersuchung der National Science Foundation in den USA arbeiten in der Biologie 23 %, in der Physik 5 % und in den Ingenieurwissenschaften lediglich 3 % Frauen.[26] Obwohl seit Jahren intensiv nach Frauen gesucht und weiblicher Nachwuchs gefördert wird, haben sich diese Prozentzahlen nicht verändert.[27] In Schweden gehen 80 % der Frauen einer außerhäuslichen Arbeit nach, etwa gleich so viel wie Männer. Kinderbetreuungsstätten und Tagesschulen sind im Land der Wikinger eine Selbstverständlichkeit. Sie ermöglichen es Müttern wie Vätern, trotz Kindern zu arbeiten. Trotz dieser idealen Bedingungen sind es immer noch die Frauen, die sich der Kinderbetreuung und dem Haushalt widmen![28]

Dieselben Erfahrungen machten die Kibbuzim in Israel. Zur Ideologie dieser Landwirtschafts- oder Fabrikkollektive gehört, dass Arbeiten und Positionen *nicht* nach dem Geschlecht verteilt werden. Die Kinder werden nicht durch die leiblichen Eltern, sondern *gemeinsam* erzogen, und sowohl Männer als auch Frauen arbeiten auf dem Feld, in den Werkstätten, in der Fabrik, in der Küche oder in der Kinderbetreuung. In der Gründerphase der Kibbuzim wurde diese Geschlechterparität strikt eingehalten. Interessant ist aber, wie die Enkel dieser Pioniere reagierten. Es kam zu einer Gegenrevolution. Je länger diese Gemeinschaften existierten, desto mehr setzte sich die traditionelle Rollenverteilung durch. Frauen, die in einem Kibbuz aufgewachsen waren, mieden technische Tätigkeiten und interessierten sich vor allem für Arbeiten im Dienstleistungssektor. Sie wollten

Kindergärtnerin, Lehrerin, Köchin oder Bibliothekarin werden und mieden Außentätigkeiten. Hatten sie Kinder, dann wollten sie sich persönlich um sie kümmern. Kochen, Backen und Stricken war in, während Männer gerne Traktor fuhren und Maschinen reparierten. Auch kinderlose Frauen interessierten sich nicht für industrielle oder Landarbeit, obwohl diese Arbeit am meisten Prestige eintrug. Trotz gegenteiliger Sozialisation kehrten die bekannten Stereotypen zurück.[29] Ähnlich erging es den Berliner Kinderläden. In diesen während der 68er-Bewegung entstandenen antiautoritären Kindergärten wurden Vorschulkinder gemeinsam erzogen. Die Eltern verstanden diese Vorschulerziehung als eine Alternative zur bürgerlichen Gesellschaft und wollten auf keinen Fall bürgerliche Rollenklischees reproduzieren. Gewaltfreie Konfliktlösung, Eigeninitiative, Solidarität und der Verzicht auf die Einübung von Geschlechterrollen standen im Vordergrund. Das Ergebnis ist ernüchternd. Ein Vergleich mit staatlichen Kindergärten zeigte, dass sich vor allem bei den Konfliktlösungsstrategien bei den Kindern noch deutlichere Unterschiede zwischen den Geschlechtern manifestieren als in den staatlichen Kindergärten. Während Mädchen sich bei Konflikten zurückzogen und schmollten, setzten die Jungen brachiale Gewalt ein. Die Gleichbehandlung der Kinder scheint die Unterschiede sogar gefördert zu haben.[30]

Die Diskrepanz zwischen subjektivem Erleben, persönlicher Lebensgestaltung und ideologischen Forderungen hat tiefere Gründe. Denn auch wenn die Gender-These inzwischen zum Mainstream wurde und von Gleichstellungsbüros, Psychologen, Politikern und Bildungswissenschaftlern vertreten wird – sie ist nicht haltbar.[31] Viele unserer Verhaltensweisen und Persönlichkeitseigenschaften sind *nicht nur* ein Produkt der Gesellschaft, sondern sie sind zum Teil auch von Natur aus gegeben;[32] wir werden *auch* durch biologische, hormonelle und neurologische Faktoren beeinflusst.[33] Wir wählen unsere Tätigkeiten, Positionen und Aufgaben nicht nur, indem wir uns gesellschaftlichen Forderungen fügen. In unseren Interessen und emotionalen Reaktionen drücken sich auch genetischen Dispositionen aus. Die Gender-Theorie erklärt auch nicht, wieso Männer und Frauen sich im mathematischen[34] oder im räumlichen[35] Denken oder in der Fähigkeit zur Systematisierung unterscheiden. Es ist zum Beispiel unwahrscheinlich, dass bereits ein- bis zweijährige Kinder weltweit von ihren Eltern dermaßen beeinflusst wurden, dass sie ihre Spielzeuge nach geschlechtsbezogenen Kategorien einteilen können.[36] Unsere Dispositionen wirken sich in unseren Reaktionsmustern, Gefühlen, Denkweisen und Vorlieben aus.[37] Ein Beispiel aus der Tierwelt verdeutlicht die Bedeutung der Anlagen: Affen, die in der Gefangenschaft aufwachsen, haben keine Angst vor Schlangen. Wenn sie eine Schlange in ihrem Gehege entdecken, dann reagieren sie gelassen. Ihre Artgenossen in der Wildnis hingegen reagieren mit Panik, sobald sie ein solches Kriechtier sehen. Zeigt man nun den Affen in Gefangenschaft ein Video, auf dem ihre Artgenossen in panischer Angst vor einer Schlange davonrennen, dann verändert sich ihr Verhalten sofort. Auch sie reagieren nun mit Angst und Panik, wenn Schlangen in ihrem Gehege auftauchen. Bis dahin scheint der Versuch eher ein Beweis dafür zu sein, dass es viel eher auf das Lernen ankommt. Entscheidend ist aber: Werden die Schlangen auf dem Video durch Blumen ersetzt, dann ist *kein* Lerneffekt mehr feststellbar. Blumen werden *nicht* zu einem Angstauslöser, obwohl die Lernsituation die gleiche ist.[38] Das Experiment zeigt also, dass es sich beim Lernen um ein *Wechselspiel* zwischen Anlage und Umwelt handelt. Wir suchen uns unsere Lerninhalte aus. Wie schon C. G. Jung wusste,[39] interessieren wir uns für diejenigen Lerninhalte, die unserer Disposition entsprechen. Unser Verhalten und unsere Einstellungen sind also *nicht nur* Folge gesellschaftlicher Einflüsse. Diese Interaktion zwischen Anlage und Umwelt müssen wir im Auge behalten, wenn wir über Unterschiede zwischen den Geschlechtern nachdenken. Jedenfalls dürfen wir nicht versuchen, die Dispositionen einfach wegzuideologisieren.

Das Wechselspiel zwischen Anlage und Umwelt zeigt sich auch, wenn es um männliche und weibliche Eigenschaften geht. Spielen Mädchen mit einer Spielzeugeisenbahn, dann gibt es Passagiere, Haltestellen und natürlich einen Zugführer. Bei Jungen sind die Passagiere nicht existent. Sie lassen ihre Züge über die Schienen brausen, konstruieren Unfälle und vergessen, dass Züge eigentlich dem Transport von Menschen dienen. Sie interessieren sich für technische Fragen, denken an das Gesamtsystem und machen Experimente, während Mädchen spontan ein soziales Geschehen ins Spiel projizieren.[40] Unterschiede begegnen uns auch in der Arbeitswelt. Frauen gewichten Arbeiten anders, sind anders motiviert und packen Herausforderungen anders an als ihre männlichen Kollegen, auch wenn Rolle und Funktion identisch sind. Leitet eine Managerin eine Firma, dann gewichtet sie den persönlichen Bezug zu ihren Kollegen, Mitarbeitern und Kunden stärker. Sie sieht sich in ein soziales Netz eingebunden, registriert Befindlichkeiten, sammelt persönliche Informationen und Anliegen. Managerinnen verstehen ihre Position als einen Dienst an den Mitarbeitern oder aber als eine Möglichkeit zur persönlichen Machtentfaltung.[41] Ganz anders die Männer: Manager interessieren sich viel weniger für die einzelne Person, sondern das Produkt, die Strategie oder ein bestimmter Führungsstil steht im Vordergrund. Ein Unternehmen zu führen heißt ein Konzept umzusetzen und eine Idee zu vertreten. Ein ähnliches Phänomen beobachtet man in der Erziehung. Väter erziehen und pflegen ihre Kinder anders, als es Mütter tun. Während bei Müttern der persönliche Bezug im Mittelpunkt steht, wird für Väter die Kindererziehung zu einem *Projekt*.

Für die meisten Männer und Frauen sind die Unterschiede zwischen den Geschlechtern eine *Grundtatsache des Lebens*. Überall, wo Männer und Frauen sich begegnen, miteinander reden oder zusammenarbeiten, stellt sich auch die Frage dieser Unterschiede. Man ist verwirrt, verärgert oder auch erstaunt und erfreut über die Andersartigkeit des gegengeschlechtlichen Gegenübers. Den gegengeschlechtlichen Partner erleben wir als eine als *Bereicherung*, *Herausforderung* oder auch als ein *Rätsel*. Wieso reagiert sie „so komisch"? Wieso sieht er diese Probleme nicht?

Es ist schwierig, den Arbeitskollegen oder die Chefin als Neutrum zu verstehen, denn es gibt immer wieder Momente, in denen eine geschlechtstypische Eigenart durchdringt. „Je länger ich mit meinem Mann zusammen bin, desto mehr merke ich, dass ich gewisse Eigenschaften und Verhaltensweisen nie verstehen werde!", gestand mir eine Frau, als sie über ihre (gut funktionierende) Ehe reflektierte. Mütter merken früh, wie ihre Söhne sich magisch zu Autos hingezogen fühlen oder bei Streitigkeiten anders vorgehen. Kleine Mädchen beginnen eher zu weinen, sich zu bemitleiden oder zu klagen, während Jungen meist ganz anders reagieren. Das Gegengeschlecht ist uns immer auch fremd. Frauen drängt sich der Eindruck auf, das Gehirn des männlichen Kollegen sei „falsch verknotet", oder Männer sind überzeugt, die Partnerin sei halt ein bisschen hysterisch. Viele dieser Unterschiede lassen sich nicht auf die Sozialisation oder auf individuelle Persönlichkeitszüge zurückführen.

Fallen wir jedoch mit der Hervorhebung der psychologischen Geschlechtsunterschiede nicht in traditionelle Beziehungs- und Familienmuster zurück? Zunächst muss betont werden, dass es eine wichtige Errungenschaft des 20. Jahrhunderts ist, beiden Geschlechtern den Zugang zu jeder Position, Tätigkeit oder Rolle ermöglicht zu haben. Frauen dürfen nicht wegen ihres Geschlechts diskriminiert werden. Sie sollen weder an den Herd verbannt, noch in die Mutterrolle gedrängt oder durch offene oder versteckte Strategien von beruflichen Positionen oder Ausbildungen ferngehalten werden. Sie sollen den Beruf der Pilotin oder Computerspezialistin anstreben dürfen, ebenso wie ein Mann Kindergärtner oder Stylist werden darf.

Diese gesellschaftlichen Errungenschaften sollen hier in keiner Weise in Frage gestellt werden. Im Gegenteil gibt es bei der Gleichberechtigung der Geschlechter noch viel zu tun. Gleichberechtigung darf jedoch nicht mit Gleichheit verwechselt werden. Das Ziel der Emanzipation wird nicht rascher erreicht, wenn man an den Unterschieden der Geschlechter vorbeizusehen versucht. Und man muss auch bedenken, dass die frühere gesellschaftliche Rollenverteilung nicht *nur* der Unterdrückung der Frauen diente. Sie war *auch* ein Versuch, mit den psychologischen Unterschieden zwischen den Geschlechtern umzugehen. Die Forderung nach Geschlechterparität in *allen* Berufsfeldern und auch im privaten Raum ist unhaltbar.[42] Auch wenn die Geschlechter vor dem Gesetz und im Beruf gleichgestellt sind, bleiben die Unterschiede bestehen. Sie drücken sich in unterschiedlichen Präferenzen, Denkweisen und Tätigkeiten aus. Wir sollten diese Differenzen nicht negieren, sondern als Bereicherung des Lebens annehmen. Frauen wie Männer sind nicht *ausschließlich* Produkte der Sozialisationsinstanzen, sondern entwickeln sich gemäß dem in ihnen angelegten Potenzial, und auch gemäß ihrem Potenzial *als* Frauen oder *als* Männer. Diese Unterschiede führen dazu, dass Männer sich im Beruf anders verwirklichen und im Privatleben andere Prioritäten setzen. Es wird also immer Arbeitsfelder geben, die von den Männern dominiert werden, und ebenso Themen, für die sich fast ausschließlich Frauen interessieren. Dies muss nicht der Beweis für eine Diskriminierung sein, sondern entscheidend ist, dass sowohl Frauen wie Männern die *Wahlfreiheit* haben. Es muss auch Frauen möglich sein, einen „männlichen" Beruf zu ergreifen, und umgekehrt. Es ist nicht *grundsätzlich* falsch, wenn ein Mann eine Leitungsaufgabe anders interpretiert als eine Frau oder eine Frau im Schulunterricht andere Akzente setzt als ein männlicher Kollege. Es gehört zu einer differenzierten Gesellschaft, dass sie zwischen männlichen und weiblichen Denkweisen und Tätigkeitsfelder unterscheidet. Wir müssen es wagen, nicht nur in Persönlichkeitskategorien zu denken, sondern auch das Geschlechtsspezifische in unserem Verhalten und Erleben anzuerkennen. Die psychologischen Unterschiede zwischen den Geschlechtern sind vorhanden und müssen reflektiert werden.

Was der „gesunde Menschenverstand" im Alltag durch eigene Erfahrungen und Beobachtungen wahrnimmt, ist also nicht alles falsch. Wenn, wie im Eingangsbeispiel, Schülerinnen sich strikt weigern, an einer Podiumsdiskussion teilzunehmen, dann hat dies *nicht nur* mit falschen Selbstbildern oder falscher Sozialisation zu tun, sondern vielleicht entspricht diese Form der politischen Debatte Frauen weniger als Männern. Frauen ziehen es vor, in einer kleineren Gruppe, im Familien- oder Freundeskreis über politische Themen zu reflektieren und weniger in öffentlichen Arenen. Daraus darf man jedoch auf keinen Fall den Schluss ziehen, Frauen gehörten nicht in öffentliche Debatten! Auch wenn es sich nicht um eine typische weibliche Art der Debatte handelt, gibt es trotzdem Tausende von Frauen, die solche Auftritte lieben und souverän meistern. Es soll noch einmal daran erinnert werden: Wenn auf diesen Seiten von männlichen und weiblichen Eigenschaften die Rede ist, dann bedeutet dies nicht, dass jede Frau beziehungsweise jeder Mann solche Eigenschaften oder Verhaltensweisen aufweisen muss. Es geht vielmehr um Eigenschaften und Verhaltensweisen, die typisch (oder statistisch häufig) sind.

Orientierung am Menschen oder Orientierung am System?

Das untergeordnete Interesse der Männer an der persönlichen Situation ihrer Mitmenschen bringen Frauen oft zur Verzweiflung. Sind sie denn zu dumpf oder einfach zu egozentrisch, um wahrzunehmen, wie es einer Arbeitskollegin, einem Nachbarn oder der Schwägerin geht? Wieso interessiert es sie nicht, wie das Netz der Kontakte unter den Teammitgliedern ist oder ob ein Kollege noch mit derselben Freundin geht? Die Mitmenschen werden im Allgemeinen von Frauen genauer wahrgenommen als von Männern. Frauen suchen den Blickkontakt, betrachten das Gesicht des Gegenübers genauer und sind fähig, verschiedene Details *gleichzeitig* wahrzunehmen. Schon kleine Mädchen reagieren stärker auf persönlichen Kontakt als Jungen. Sie lächeln mehr und lernen Namen rascher. Solche Unterschiede zeigen sich schon unmittelbar nach der Geburt. Mädchen interessieren sich mehr für menschliche Gesichter als für Gegenstände; bei Jungen ist es umgekehrt.[43] Später bemerken Frauen sofort, wenn ihnen jemand vorgestellt wird, die schütteren Haare, die leicht gerötete Haut, das ein bisschen verschwitzte Hemd und die komplizierte Sprechweise. Männer glauben mit dem Händeschütteln und ein paar Worten genügend Interesse am anderen bekundet zu haben. Und wenn, dann stellen sie eher sachliche als persönliche Fragen: Hast du einen Parkplatz gefunden? Welchen Weg hast du gewählt? Wenn sie wirklich aus sich herauskommen und guter Laune sind, dann fragen sie vielleicht noch, ob man das Spiel gestern mitverfolgt oder ob man Stress bei der Arbeit habe. Frauen gehen direkter vor. Sie möchten wissen, wie es der Tochter beim Romanistikstudium geht, ob die Ferien auf Korfu ein Erfolg waren oder ob die neue Wohnung in der Marktgasse sich bewährt hat. Frauen haben ein intensives Interesse am Wesen, den Charakterzügen und persönlichen Lebensumstände der Menschen, die sie neu kennen lernen. Durch direkte Fragen oder über Dritte werden Informationen gesammelt. Ist er verheiratet? Hat er Kinder? Wie lebt er? Man weiß dann, dass der neue Kollege bereits einmal geschieden ist oder vor einem Jahr an einer Depression litt. Individuelle Schicksale und intime Details aus dem persönlichen Leben sind immer von Interesse. Sind genügend Details gesammelt, wird daraus sozusagen ein *Psychogramm* des oder der Betreffenden erstellt und ein Persönlichkeitsurteil abgegeben: „Was meinst du, hast du nicht auch das Gefühl, dass unsere neue Kollegin Probleme hat?“

Für Frauen ist darum auch das Reden über andere Menschen wichtig. Sie suchen Anlässe, wo sie ihre Beobachtungen und Eindrücke austauschen können. Das Bereden von anderen Menschen und ihren Handlungen ist wichtig, damit man Sicherheit im Umgang findet und entscheiden kann, wem man vertrauen darf. Klatsch dient dem Sammeln von Informationen, damit man sich im sozialen Nahraum orientieren und auch verhindern kann, dass feindliche Personen ins eigene Territorium eindringen.

Frauen sind Meisterinnen in der Interpretation von Gesichtszügen. Gemütszustände können sie an der Gestik und Mimik ablesen – Männer brauchen direkte Erläuterungen.[44] Als Frau fühlt man sich akzeptiert und wohl, wenn man das Gegenüber versteht und einen persönlichen Bezug herstellen kann. Was, sie waren auch einmal die Wohnungspartnerin von Katharina? Das Begreifen des *einzelnen* Menschen steht im Zentrum. Frauen versuchen eine soziale Situation zu bewältigen, indem sie sich in die anderen Personen hineinfühlen und versuchen, sie von innen heraus zu verstehen. Aus diesem Grund sind persönliche Informationen und Signale wichtig. Details sind oft wertvolle Deutungshilfen. Wieso ist Barbara so bleich? Wieso haben Eva und Dimi immer wieder geflüstert? Beobachtungen werden mit schon vorhandenen Informationen über die betreffenden Personen in Zusammenhang gebracht. Ebenso wird auch der individuelle Zustand eines Einzelnen mit der jeweiligen sozialen Situation in Verbindung gesetzt.

Frauen nehmen auch eine größere Gruppe weniger als *Einheit* wahr, sondern sie versuchen, die Gruppe über einzelne Mitglieder zu verstehen. Als Erstes gilt es, das *interne* Beziehungsnetz der Gruppe zu entschlüsseln. Wer steht wie zum wem? Wer kann wem zugeordnet werden und wie sind die Menschen miteinander verbunden? Dazu müssen zunächst Informationen über die einzelnen Menschen gesammelt werden: Der Mann mit dem schwarzen Hemd, der hinten beim Eisstand steht, ist der Ex-Mann einer Kollegin, die im Sozialdienst der Uni-Klinik arbeitet. Oder: Die Frau mit den rötlichen Haaren ist bekannt dafür, dass sie immer schlecht über andere Menschen redet. Dank Klatsch und genauen Beobachtungen besteht die Chance, dass man die wahren Charakterzüge eines Gegenübers erkennt und sein eigenes Verhalten danach ausrichten kann. Es geht darum, die *Persönlichkeit* hinter sozialen Konventionen oder Rollen zu diagnostizieren. Um an relevante Informationen heranzukommen, braucht es natürlich Sozialkompetenzen und die richtige Taktik.

Nun hat man ihn oder sie zum Reden gebracht und damit das Ziel erreicht. In einem zweiten Schritt wird eine übersichtliche

Untergruppe gesucht. Gibt es eine Dreier- oder Vierergruppe, der man sich anschließen könnte? Dank den gewonnen Informationen und Beobachtungen weiß man nun, wo man sich eventuell andocken kann. Man schließt sich einer Gruppe von Müttern an, die auch einen Sohn oder eine Tochter auf dem Gymnasium haben oder eine gemeinsame Pfadfinderkollegin kennen.

Probleme ergeben sich jedoch, wenn die Gruppe zu groß ist. Sind Frauen mit mehr als zehn Personen konfrontiert, dann funktioniert die Taktik des Sammelns persönlicher Informationen nicht mehr: Die diversen Beziehungen sind zu vielfältig und chaotisch. Das bisherige Orientierungssystem taugt also nicht mehr, und es werden Alternativen gesucht. Entweder man konzentriert sich strikt auf eine einzelne Person und blendet die Gesamtgruppe aus, oder man schließt sich einer Person an, die sich in der Masse bewegen kann. Man sucht jemanden, der sagt, wie man sich verhalten soll. Es muss sich um eine Leitfigur handeln, die Mittelpunkt zahlreicher Kontaktnetze ist oder aber eine Machtposition in der Gruppe besitzt.

Eine andere Möglichkeit besteht darin, den Kontakt zur Gesamtgruppe *egozentrisch* zu *überblenden*. Die Masse wird ignoriert, indem man die eigene Persönlichkeit oder Meinung in den Vordergrund rückt. Vehement und oft kompromisslos wird dann eine bestimmte Position oder Meinung vertreten. Diese Position ist dann nicht primär ein Beitrag zu einer kollektiven Diskussion, sondern sie dient als *Schutz*. Man vertritt eine Meinung, um die Gesamtgruppe seelisch zu bewältigen. Es wird dann allerdings schwierig, von dieser Meinung wieder abzurücken. Kritik in größeren, unpersönlichen Gruppen wird von solchen Frauen schlecht ertragen, wenn sie nicht auf eine Person zurückgeführt und damit geortet werden kann. Sie möchten wissen, wer was warum sagt, und die Worte aus der Perspektive des Kritikers heraus verstehen. Sonst wird der gegnerische Standpunkt leicht als persönliche Beleidigung oder gemeine Unterstellung empfunden: „Wie kann er behaupten, dass mir Bildung unwichtig ist?! Er sollte doch wissen, dass ich mich schon immer dafür eingesetzt habe!" Wenn Kritik nicht personalisiert wird, dann ist es für eine Frau viel schwieriger, sie anzunehmen oder zu verwerfen.

Der Kontakt zur Großgruppe kann auch bewältigt werden, indem man eine Rollenmaske, eine *Persona* in den Vordergrund rückt. Man versucht in der Gruppe herauszuspüren, welches Bild man bei den anderen evoziert, und übernimmt dann die entsprechende Rolle. Die Situation wird dann in der eigenen Wahrnehmung zu einem Schauspiel, bei dem die Zuschauer die Rollen verteilen und den Verlauf des Spiels mitbestimmen. Selber wird man zu einem Spiegel der Fantasien der Umgebung. Soziale Unsicherheiten und fehlende Informationen über die einzelnen Anwesenden werden dank der Rollenübernahme überwunden. Man wird zur *femme fatale*, zur wilden Emanze oder zur netten Mama. Die eigene Persönlichkeit wird hinter einer sozialen Maske versteckt. Man lässt sich nicht wirklich auf die anderen Menschen ein, da man ja durch die eigene Performance voll absorbiert ist. Der Reiz dieses Abwehrmechanismus liegt in dem Spiel mit den Fantasien und Erwartungen der anderen. Bei persönlichen Begegnungen drohen jedoch immer wieder die tatsächlichen Persönlichkeitszüge durchzubrechen.

In diesem Fall nimmt man also Projektionen auf, die man in der Großgruppe spürt, und spiegelt sie den anderen zurück. Da man der diffusen Menschenmasse keine Konturen abgewinnen kann, lässt man sich von Assoziationen und von den Reaktionen auf das eigene Aussehen oder Verhalten leiten. Man schützt sich, indem man die Rolle annimmt, die einem angeboten wird. Persönliche Ansichten und Meinungen werden jedoch vor den Mitgliedern der Gruppe versteckt. Lächeln, Flirten und Smalltalk dienen der Ablenkung. Man spielt den anderen etwas vor, weil die Gruppensituation nicht anders bewältigt werden kann.

Männer bewältigen solche Situationen anders. Auch sie suchen nach einer Orientierung, wenn sie in einen neuen sozialen Kreis eindringen, eine neue Arbeitsstelle antreten oder zu einem sozialen Anlass eingeladen sind. Sie wählen jedoch eine andere

Strategie. Um sich einen Überblick zu verschaffen und Sicherheit zu gewinnen, tasten sie die Umgebung nach Hinweisen ab, die ihnen *generelle Aussagen* erlauben. Wenn sie einzelne Personen fixieren, dann reizt sie nicht das Individuelle, sondern das *Typische*. Die individuellen Persönlichkeitszüge der Anwesenden sind sie eher geneigt, zu übersehen. Für sie geht es darum, die Eigenart des Systems zu erfassen oder Kategorien zu entwickeln, mit denen die Situation mental bewältigt werden kann. Sie möchten wissen, welchem Trend oder welchem Typ die anderen zuzurechnen sind und welche Regeln in der Gruppe gelten. Interessant ist, was jemand repräsentiert, und nicht, wer er als Mensch ist. Oft suchen Männer auch nach Anhaltspunkten, die es ermöglichen, die Anwesenden einer kollektiven Szenerie zuzuordnen. Bei einer Buchvorstellung sehen sie Repräsentanten des Verlages, der Presse und potentielle Kunden. Oft wird die persönliche Dimension sogar ganz ausgeblendet. Viele Männer sind überfordert, wenn man von ihnen verlangt, die persönlichen Signale ihrer Mitmenschen zu entziffern. Oft wird der andere beruflich kategorisiert: Er verhält sich wie ein typischer Psychologe, er kleidet sich und spricht wie ein CS-Banker[45], oder sie redet wie eine Kindergärtnerin. Und wenn er Psychologe ist, hat er keinen klaren Standpunkt und leidet unter persönlichen Schwierigkeiten oder zumindest unter einer Krawattenphobie. Das eigene Verhalten richtet sich nach den Regeln, die man bei Psychologen, CS-Bankern oder Kindergärtnerinnen vermutet. Bei Psychologen darf man von persönlichen Problemen reden, und Kindergärtnerinnen basteln gern. Ein Angestellter bei der Bank tritt gepflegt auf, spielt Golf und verwendet immer wieder banale Anglizismen. Dass ein Psychologe sich nicht für jede persönliche Frage interessiert oder eine Kindergärtnerin nicht immer und überall mit Kindern spielen möchte, ist dabei nicht wichtig. Nicht das individuelle Schicksal und die persönlichen Beziehungen interessieren, sondern die Vorstellungen und Haltungen, die das System prägen.

Der Systemblick hat zur Folge, dass nach Regeln und Ritualen gesucht wird. Jede Gruppe und jedes System kennt typische Abläufe und Verhaltensmuster. Auch viele politische und kulturelle Versammlungen gehorchen solchen Regeln. Männer orientieren sich dann oft eher daran als an der Qualität der persönlichen Begegnungen. Man betritt den Raum und strebt auf diejenigen zu, die man kennt. Händeschütteln, Schulterklopfen, gegenseitiges Foppen, ausweichende Blicke und kurze Smalltalks. Die Themen bleiben jedoch allgemein und systemkonform. „Unglaublich, wie verantwortungslos die Pensionskasse bei ihrer Anlagestrategie vorging!", konstatiert man einem Bekannten gegenüber, dem seit dem letzten Treffen die Frau mit dem besten Freund davongelaufen ist. Das Persönliche ist kein Thema, sondern man gibt sich distanziert und widmet sich einem kollektiven Thema. Männer haben das Gefühl, dass Abstand und eine sachliche Atmosphäre überhaupt erst das Zusammensein ermöglichen. Persönliche Themen bringen dagegen nur Unruhe in die Situation. Bei sozialen Anlässen warten Männer auf Anweisungen oder hoffen, dass das System die nächsten Phase definiert: Man sitzt am Tisch, hört sich eine Ansprache an, lauscht der Musik, debattiert, widmet sich der Tagesordnung oder einer Aufgabe. Männer sind froh, wenn der Ablauf und das Verhalten einigermaßen vorgegeben ist. Sie können dann mitmachen oder rebellieren und sich distanzieren.

Natürlich spielt das Persönliche auch eine Rolle. Auch Männer fragen nach dem Wohlbefinden der Kinder oder der Frau des Gegenübers, doch diese Fragen dienen nicht der *Orientierung*, sondern erfolgen aus persönlichem Interesse oder sind reine Floskeln. Im Gegensatz zu Frauen verwenden Männer solche Informationen nicht als Mittel zur Meisterung einer sozialen Konstellation, sondern als Zugabe. Die unterschiedliche Handhabung von sozialen Situationen führt immer wieder zu großen Missverständnissen zwischen den Geschlechtern.

Die unterschiedlichen Dispositionen wirken sich auch auf die Berufswahl aus: Talentierte Frauen suchen nach Tätigkeiten, die den Kontakt mit Menschen implizieren, Männer entscheiden sich für Fachgebiete. Männer profilieren sich meistens auf Feldern, wo nicht die Beziehung zu bestimmten Menschen im Vordergrund steht, sondern ein Sachgebiet.[46]

Prahlerei und Klatsch

Sind die Basisregeln des Systems erkannt, müssen noch die *Hierarchien* geklärt werden. Wer hat das Sagen in der Gruppe? Zur Analyse des Systems gehört, dass man die Positionen kennt. Wer sind die Entscheidungsträger, wer ist der Mächtigste? Auch wenn dieses Verhalten befremden mag – es ist weltweit verbreitet und in allen Kulturen feststellbar.[47] Schon bei kleinen Jungen entscheiden Kämpfe oder Prahlereien, wie Positionen und Aufgaben verteilt werden. „Mein Vater hat ein größeres Auto als deiner!", ruft ein kleiner Junge seinem potentiellen Rivalen zu und fühlt sich als Sieger, wenn jener nicht antwortet. „Hi! I am a million dollar man!", stellte sich mir einmal ein Mitgast bei einer Cocktail-Party in New York vor.[48] Nicht immer wird einem freilich die eigene Bedeutung so direkt unter die Nase gerieben. Meistens sind die Methoden subtiler. Es sind dazu auch keine Raufereien oder lautstarkes Prahlen nötig wie bei Kindern, sondern man wählt *indirekte* Verfahren. Meistens ist klar, wer in einem bestimmten Revier Entscheidungsträger ist. Ist man bei Freunden zu Besuch, dann haben selbstverständlich die Gastgeber das Sagen, in der Eisenbahn dann trägt der Zugchef die Verantwortung, und Firmen sollten von den Chefs oder vom Vorstand geleitet werden. Schwierig wird es, wenn in einem System die Machtfrage nicht entschieden oder ein Territorium niemanden zugeordnet ist. Sind die sozialen Strukturen unklar, dann reagieren Männer mit Selbstdarstellung. In einem Niemandsland muss entschieden werden, wer der Häuptling ist und wie die Aufgaben und Kompetenzen verteilt werden. Um diesen Prozess zu initiieren, demonstriert man seine Fähigkeiten, weist auf seine Leistungen hin, geht Koalitionen ein oder verhandelt. Wichtig ist es immer, auf die eigene Bedeutung und Tüchtigkeit hinzuweisen. Oft geschieht dies subtil. Bei einem Umtrunk raunt ein Gast dem anderen zu: „Ich bin noch ein bisschen müde, musste gestern noch kurz etwas in New York erledigen." Scheinbar will er nur seine wiederholten Gähnattacken erklären. Die eigentliche Absicht ist jedoch klar: „Ich bin ein großes Tier, ich werde auf der ganzen Welt gebraucht." Der andere fühlt sich herausgefordert: „Was? Du pflegst noch Kundenkontakt? Das überlasse ich meinen Angestellten!" Eine solche Replik kann man nicht stehen lassen. Zeitlich verzögert, weil Hahnenkämpfe unter Männern meistens diskret ausgetragen werden, wird der Erste nun erwähnen, dass er als Hauptredner zu einer internationalen Banker-Konferenz eingeladen wurde, mit Flug erster Klasse natürlich.

Die eigene Position kann man auch durch Besitz oder andere Symbole demonstrieren. Bei einer Gruppe von Studenten konnte ich beobachten, wie sie sich eine Stunde lang gegenseitig ihre Handys zeigten. Jeder wollte das coolste Telefon besitzen. Natürlich gaben sich alle nonchalant und locker. Man unterhielt sich scheinbar über eine Nebensächlichkeit. Von außen betrachtet war es jedoch klar, dass es sich um Positionskämpfe handelte. Eindeutiger ist die Botschaft bei einer Uhr für 10000 Franken, die scheinbar zufällig am Handgelenk aufblitzt, oder bei Schuhen einer teuren Edelmarke. Und noch deutlicher wird es bei Autos, Häusern, Segelbooten oder dem Appartment auf Mallorca. Wer mit einem BMW vorfährt, der wird mit anderen Augen angesehen und avanciert unweigerlich in die oberen Ränge. Ein gediegener Jaguar suggeriert Rang und Prestige. In akademischen Kreisen werden Positionen durch Forschungsaufträge, durch die Anzahl der Publikationen oder durch Einladungen zu internationalen Kongressen markiert. „Letzte Woche habe ich in Athen auf einer internationalen Konferenz gesprochen. Die Zuhörer waren begeistert von meinem Managementkonzept, das Olympiaprinzip, es sei sensationell!"

Oft versuchen Männer durch *Provokationen*, Machtverhältnisse aufzudecken. Man kitzelt das System, weil man wissen möchte, ob es reagiert. Durch die Provokation will man herausfinden, ob sich ein Machtkampf lohnen könnte. Bei einer internen Sitzung einer Firma für Galvanisationsverfahren schlägt ein Mitarbeiter vor, den italienischen Markt nicht mehr zu beliefern. Der Vorschlag löst Empörung aus und führt zu hitzigen Debatten. Er war jedoch nicht ganz ernst gemeint, sondern eigentlich wollte der Mitarbeiter die Firmenleitung testen. Sind die oben überhaupt noch auf dem Laufenden? Oft genügen unpassende oder kritische Bemerkungen, um die Vitalität eines Institution oder eines Systems zu prüfen. „Bringen diese langwierigen Sitzungen überhaupt etwas? Es soll sich lediglich um Schall und Rauch handeln!", will ein Schulleitungsmitglied vom Direktor eines Gymnasiums wissen. Bei solchen Provokationen handelt es sich um Revitalisierungsversuche. Nach einem leichten, kalkulierten Regelverstoß weiß man wieder, ob ein System funktioniert und ob man dahinter stehen kann.[49] Vielen Frauen sind solche Verhaltensweisen fremd. Sie erleben es als gockelhaft oder wichtigtuerisch. Entweder kooperiert man mit einer Institution und versucht sein Bestes zu geben, oder man distanziert sich. Mit Provokationen kommt man jedoch aus weiblicher Sicht nicht weiter.

Es ist jedoch nicht immer Ehrgeiz, der dazu treibt, Ränge und Positionen kennen lernen zu wollen. Es geht den Männern nicht primär um eigene Karrierepläne oder Machtgelüste, sondern aus ihrer Sicht funktioniert ein System besser, wenn Strukturen und Positionen definiert und offen gelegt sind. Diffuse Entscheidungsabläufe und eine undurchsichtige Kompetenzverteilung sind aus männlicher Sicht problematisch. Solche Systeme funktionieren nur, wenn die beteiligten Menschen miteinander auskommen. Der Beziehungsfaktor muss stimmen. Da man jedoch nicht damit rechnen kann, dass man sich gegenseitig sympathisch ist, müssen die Systeme Meinungsverschiedenheiten und Antipathien auffangen können. Klare Konzepte haben den Vorteil, dass die Qualität der Beziehung eine weniger große Rolle spielt. Frauen setzen oft andere Prioritäten. Beziehungen und die Atmosphäre werden stärker gewichtet. Vor allem in kleinen Gruppen braucht es aus weiblicher Sicht keine festen Strukturen: Es ist doch selbstverständlich, dass man die Arbeit *gemeinsam* erledigt und sich gegenseitig hilft. Wenn die Chemie stimmt, dann ist Kooperation auch ohne lästiges Konzept möglich. Männer hingegen lieben klare Rollenzuweisungen, weil sonst der andere zu einem potentiellen Rivalen wird und man sich mit ihm persönlich auseinander setzen muss. Dank einer Struktur und einer Hierarchie mit einer klaren Kompetenzverteilung kann man sich zurücknehmen, sich an den Regeln des Systems orientieren und seine Energie seine Ideen und auch seine kritischen Gedanken produktiv einbringen. Wird die Machtfrage nicht geregelt, dann werden Entscheidungen über Beziehungen oder in Korridoren getroffen. Das Denken in Systemen ermöglicht eine Entpersönlichung der Situation. Es bereitet Männern oft keine Mühe, sich in einem bestimmten Revier einer Autorität unterzuordnen oder die Führung temporär abzugeben. Ein Professor für Linguistik wird einen Computerspezialisten bei einem Einführungskurs für eine neue Software als kompetenten Fachmann akzeptieren, seinen Instruktionen folgen und kooperieren, auch wenn er ihm unsympathisch ist. Unsere Gesellschaft hat sich in verschiedene Kreise mit unterschiedlichen Profilierungsmöglichkeiten aufgegliedert. Im Gegensatz zu prähistorischen Gesellschaften, in denen die Männer sich vielleicht nur über die Bärenjagd bewähren konnten, können Männer heute zwischen verschiedenen Revieren auswählen.

Die Ausrichtung nach Hierarchien oder demonstrative Inszenierungen der eigenen Wichtigkeit sind Frauen fremd. Da sie sich anders in eine Gruppe einbringen, reagieren Frauen belustigt oder verärgert, wenn Männer ostentativ auf eigene Leistungen oder auf das persönliche Wissen hinweisen. Wen interessiert schon, wo Neukaledonien oder die Christmas-Inseln liegen? Wenn eine Frau sich über eigene Begabungen und Positionen in eine Gruppe einbringt, dann geht es ihr weniger um die rituelle Demonstration eigener Kräfte und Kompetenzen, sondern sie möchte als Person mit diesen Fähigkeiten gesehen werden. Die Leistung ist ein persönliches Attribut. Wer darum die Kompetenzen des Gegenübers in Frage stellt oder eine Leistung hinterfragt, der begeht einen persönlichen Affront.

Die Selbstdarstellungen der Männer stehen oft nur in einem lockeren Zusammenhang mit ihren tatsächlichen Fähigkeiten. Die Darstellung von Macht, Rang und Potenz wird dann zu einem Ritual. Dies kann zu bösen Überraschungen führen, wie das folgende Beispiel zeigt: In der Nähe der schottischen Stadt Perth wurde im Jahre 1997 ein Schäferwettbewerb durchgeführt. Am Rande des schottischen Hochlands, vor einer wunderbaren sanften Hügellandschaft, versammelte sich ein Dutzend Schafhirten. Im Wettbewerb ging es darum, vier Schafe mithilfe des eigenen Hundes über einen Parcours zu dirigieren. Der Hirt konnte seinen Hund durch kurze Befehle, Blicke, eine Trillerpfeife und Gesten lenken. Gewonnen hatte derjenige Hirt, der die Schafe am schnellsten durch den Parcours brachte. Die Teilnehmer des Wettbewerbs waren eindrucksvolle Gestalten. Die imposante Kleidung, die langen Hirtenstöcke und die großartigen Titel signalisierten Größe und verwiesen auf die Geschichte der Region, die sie vertraten. Ein McLeod aus Sutherland war präsent, ein Gordon aus Aberdeen und ein McDonald aus Skye. Der Wettbewerb wurde zu einem eindrücklichen Schauspiel. Ein Hirte dirigierte mit seiner donnernden Stimme die Schafe. Ein anderer gestikulierte heftig, blickte grimmig drein und hob zwischendurch seinen Hut, um seinem Hund zu signalisieren, dass er die Richtung ändern müsse. Wieder ein anderer stakte hin und her und warf immer wieder majestätisch seinen Plaid zurück. Allen war es wichtig, Bedeutung an den Tag zu legen. Unter den zwölf Teilnehmern war aber auch eine Frau. Im Gegensatz zu ihren männlichen Kollegen verzichtete sie auf jegliche Selbstdarstellung. Sie repräsentierte auch keinen Clan, sondern trat als sie selbst auf, gekleidet in Jeans und Pullover. Ihren Hund führte sie unspektakulär. Es genügten kurze Pfiffe und Blicke. Das Erstaunliche war nun: Die Hirtin schlug ihre männlichen Kollegen problemlos! Während diese ihre Energien in Selbstdarstellung vergeudeten, hatte sie sich auf die eigentliche Aufgabe konzentriert.

Diese kleine Geschichte weist noch einmal auf die Tendenz der Männer hin, sich grandios darzustellen. Sie leiten ihre Motive und Konzepte nicht von sich selber ab, sondern geben sich eine Rolle und Aufgabe in einem kollektiven Setting, suchen sich eine „große Geschichte“ oder einen Mythos.[50] Sie überhöhen die eigenen Leistungen, indem sie sich in ein kollektives Szenarium hineinfantasieren: Ein Student äußerte, dass er studieren wolle, weil er das „größte philosophische Werk des 21. Jahrhunderts“ schreiben wolle, und ein Gymnasiallehrer gab zu Protokoll, dass er sich als Kämpfer für ein besseres Bildungssystem verstehe. Für ihn standen nicht seine einzelnen Schüler und Schülerinnen im Vordergrund, sondern es ging um eine nationale Angelegenheit. Die Grandiosität der Männer zeigt sich auch in ihrer Neigung zu prahlen. Es fällt ihnen leichter, eigene Vorzüge herauszustreichen und Forderungen zu stellen. Und bei den völlig überzogenen Managereinkünften erleben wir heute die hässliche Seite der männlichen Grandiosität.

Männer verhalten sich in Gruppen anders als Frauen. Sie setzen tendenziell andere Methoden ein, wenn sie sich in eine Gruppe einbringen. Zu Anfang ist oft noch nicht klar, welcher Mechanismus zum Tragen kommt. Übernehmen Frauen die Führung, dann werden Freundlichkeiten ausgetauscht. Man erkundigt sich nach den Kindern, zeigt Interesse an den Ferienplänen oder der Wohnungseinrichtung. Es geht darum, möglichst viele persönliche Informationen auszutauschen. Männer klammern sich an den Drink, starren Gegenstände an und wirken oft leicht unbeholfen. Oft versuchen sie sich auch im Smalltalk. „Doch, meine Schwester war auch in Colmar, es hat ihr wunderbar gefallen!“ Männer befürchten, dass Frauen zu viel persönliche Informationen preisgeben: „Peter würde auch gerne hören, was du im Büro erlebst. Er wurde an seiner letzten Arbeitsstelle regelrecht gemobbt, litt an Schlaflosigkeit und Ängsten!“ Was als

Kontakt stiftende Bemerkung und als Versuch gedacht war, das Gespräch zu beleben, ist Männern höchst peinlich. Ihre Coolness wird in Frage gestellt, ein geplanter Auftritt als Macher verunmöglicht. Als Mann hält man sich bedeckt und verrät nicht zu viele persönliche Schwächen. Dominieren Männer Erstkontaktrunden, dann ist die Stimmung anders. Humor und Provokationen kommen zum Zug. „So, zufrieden mit dem Mac? Ist doch Schrott!", meint ein Gast, als er den Apple-Computer auf dem Tisch des Gastgebers bemerkt. Dieser wird natürlich durch eine solche Bemerkung herausgefordert und beginnt zu sprechen. Dank solchen Bemerkungen wird ein Gespräch auf ein Sachgebiet gelenkt. Die Provokation ist auch eine Möglichkeit, den anderen aus der Fassung zu bringen und so wirklich kennen zu lernen. Steigt er auf den verbalen Wettstreit ein, dann kann man zudem die eigenen reichen Erfahrungen mit dem Konkurrenzprodukt zum Besten zu geben.

Freizeitgestaltung: Sensation versus Risiko

„Hast du gesehen? Ich habe alle Filme, die wir ansehen könnten, angestrichen", teilt die Frau ihrem Ehemann mit: „Ach ja? Ich dachte, genau diese wollten wir uns sicher nicht ansehen!"

Spannung, Erlebnisse und neue Erfahrungen: Wir alle möchten ein interessantes Leben führen. In der Freizeit wie auch im Beruf suchen wir nach Abwechslung. Langeweile und Eintönigkeit sind uns ein Gräuel. Wenn es uns gut geht und wir dem Leben optimistisch begegnen, dann möchten wir angeregt werden und Neues erfahren. Männer wie Frauen möchten etwas erleben. Freie Zeit bedeutet, dass wir selber entscheiden können, womit wir uns beschäftigen. In unserer Kultur ist die freie Zeit ein wichtiges Element der Lebensgestaltung. Sie ist darum mit Erwartungen, Fantasien, Hoffnung und Ambitionen besetzt. Die Abwesenheit von Arbeit oder familiären Verpflichtungen bedeutet nicht Ruhe, sondern ist zu einer Aufgabe geworden. Wir wollen die uns zur

Verfügung stehenden Stunden oder Tage für alternative Tätigkeiten nutzen. Wir streben nach Herausforderungen oder wollen uns verwöhnen.

Schwieriger wird es jedoch, wenn es um die Inhalte geht. Auch hier gibt es Unterschiede zwischen den Geschlechtern. Männer und Frauen werden nicht durch dieselben Themen und Tätigkeiten angezogen. Natürlich gibt es große Überlappungen. Einen Abendspaziergang oder ein Kartenspiel mag man sowohl als Mann wie als Frau als einen schönen Abschluss des Tages empfinden, doch bei vielen anderen Freizeitwünschen unterscheiden sich die Geschlechter. „Wäre es nicht schön, einfach mal in der Stadt zu bummeln und die Auslagen in den Schaufenstern zu bestaunen“, schlägt sie vor, während er den Feriennachmittag eigentlich auf dem Liegestuhl verbringen und in der neuen Ausgabe seiner Eisenbahnzeitschrift blättern wollte. Vieles, was Frauen als spannend empfinden, langweilt Männer – und umgekehrt.

Meinungsverschiedenheiten sind häufig auch bei der Wahl von Kinofilmen oder beim gemeinsamen Fernsehen. Männer bevorzugen Filme, die Action versprechen und auf großen Geschichten basieren: der Kampf eines Arbeiters gegen eine korrupte Firmenspitze, die Jagd nach einem russischen Atom-U-Boot, deren Kapitän eine Rakete auf Washington abfeuern will, oder die Arbeit eines Drogenfahnders in Kalifornien. „Männliche“ Filme sind voll von großen, fast unüberwindlichen Hindernissen und zeichnen sich durch einen großen Aktionsradius aus. In einer Szene sieht man einen bulligen Drogenbaron auf seiner Hacienda mit einer Geliebten schimpfen, in der nächsten Szene landet die Air Force One in Cleveland, während der Präsident mit einem Politiker in Berlin telefoniert. Männliche Filme leben von inszenierter Dramatik. Es gibt Autounfälle, Schießereien, Komplotte, Explosionen, Brände und ferne Länder. Beziehungen werden auf die dramatischen Momente reduziert und wirken klischeehaft und unpsychologisch: Eine Frau wird erobert, betrogen oder verführt, Männer streiten, kämpfen oder beratschlagen kurz miteinander, gehen aber nicht wirklich eine Beziehung miteinander ein. Das Leben besteht aus Herausforderungen. Schwierigkeiten werden gemeistert, Erfolge genossen und Katastrophen verkraftet. Probleme werden von einzelnen, beherzten Personen oder Gruppen angepackt, die durch ihre Entscheidungen brillieren oder auch versagen. Männer beachten in Filmen die Helden, bemitleiden tragische Figuren und bewundern Eroberer. Stirbt im Film jemand, dann sehen Männer dies als eine logische Konsequenz einer Handlung an. Für viele Männer muss ein Film brutal sein, damit er überhaupt interessant wird. Männliche Filme handeln von existentiellen Dramen und geben den Beziehungsgeschichten nicht viel Raum. Die Technik spielt eine große Rolle. Für viele Frauen sind technische Finessen dagegen nicht wirklich spannend. Es wirkt doch einfach „blöd", wenn im Film ein Mann in einer Kapsel durch eine Pipeline nach Usbekistan geschmuggelt wird, um anschließend von einem Harrier-Senkrechtstarter nach London entführt zu werden. Oft haben für Männer die Interaktionen mit Autos, Flugzeugen oder Computern fast die gleiche Bedeutung wie menschliche Begegnungen.

Den meisten Frauen sind solche Filme fremd. Sie empfinden die Dramaturgie als zu simpel. Sie können nicht verstehen, wieso man die Verfolgungsjagd zwischen einem Lastwagen und einem Chevrolet interessant findet. Frauen bevorzugen Beziehungsdramen oder Komödien. Filme sind für sie interessant, weil es darin zu Auseinandersetzungen zwischen Menschen kommt. Wichtig ist, dass es sich um Menschen mit einem persönlichen Profil handelt. Nicht Helden, Gewerkschaftler, Gauner, Polizisten, Soldaten oder Politiker wollen sie sehen, sondern Menschen mit individuellen Schicksalen, persönlichen Stärken und Schwächen. Wenn das Individuum hinter einer Rolle erkennbar wird, dann lohnt es sich wirklich zuzuschauen. Frauen personalisieren ein Filmgeschehen, sehen es aus dem Blickwinkel der Akteure und fühlen mit dem individuellen Schicksal der Figuren mit.

Schauen sich Männer und Frauen gemeinsam einen Film an, dann sehen sie die Szenen mit verschiedenen Brillen. Sieht eine Frau einen Film mit einer U-Boot-Jagd, dann gilt ihr Interesse dem Leben der Besatzungsmitglieder, den Auswirkungen der Enge auf die Beziehungen innerhalb der Crew und vielleicht auch der Frage, ob ein bestimmter Matrose überlebt. Das U-Boot, das Meer, die feindlichen Zerstörer und die technischen Probleme werden zu Bestandteilen von persönlichen Dramen. Für die Männer sind hingegen die Beziehungsfragen und die verbalen Interaktionen weniger wichtig. Während die Frau sich Sorgen macht, ob der Kapitän seine Frau und Kinder wiedersehen wird, bangt der Mann um die Frage, ob das U-Boot genügend Kraft hat, die Strömung bei der Meerenge von Gibraltar zu überwinden und den Atlantik zu erreichen. Für die meisten Frauen ist nicht die Konfrontation mit äußeren Gefahren interessant, sondern die Gefühle und das Leiden der Beteiligten. Wie steht sie zu ihrem Mann? Kann sie den Verrat ihrer Kollegin verkraften? Komplizierte Soziodramen lösen bei den meisten Männern Gähnen aus, und bei komplexen psychologischen Konstellationen sind sie oft überfordert. Aus der Sicht des Mannes handelt es sich bei Filmen um die Veranschaulichung allgemeiner Themen. Es geht um die Bekämpfung des Bösen, die Gerechtigkeit, den Naturschutz, die Suche nach einem Verbrecher, die Weisheiten eines indischen Gurus oder die Bekämpfung der Invasoren – also um ein grundsätzliches Thema und nicht um eine detaillierte persönliche Geschichte.

Ähnliche Muster zeigen sich auch beim Fernsehen. Viele Männer lassen sich ungern in einen Film hineinziehen. Während Frauen sich einer Geschichte hingeben können und sie intensiv miterleben, lieben viele Männer das Zappen von einem Programm zum anderen.

Unterschiede zwischen den Geschlechtern zeigen sich auch in anderen Freizeitaktivitäten. Sind Männer den Zwängen ihrer beruflichen Tätigkeit entronnen, dann suchen sie eine quasi-existentielle Herausforderung oder fokussieren sich ganz auf ein

Einzelinteresse. Oft zieht es sie zu einer Tätigkeit, durch die sie in eine von Gegensätzen geprägte Szenerie versetzt werden. Ein Gegner muss besiegt, ein Widerstand oder eine Herausforderung bewältigt werden. Sie möchten die Fesseln des zivilisierten, allzu komplizierten Daseins abstreifen und eine Beschäftigung haben, die in einem überschaubaren Kontext steht. Eine Möglichkeit ist der Sport. Ob Fußball, Bergsteigen, Boxen, Delta-Fliegen, Rennfahren, Kanufahren oder Boxen: Eine Aktivität wird spannend, wenn man die persönlichen Leistungsgrenzen erreicht, einen Gegner besiegen, persönliche Risiken eingehen oder an einer kollektiven Szenerie teilnehmen kann. Beim Sport geht es nicht nur um die körperliche Aktivität, sondern auch darum, sich in eine Szenerie zu versetzen, die einem etwas abverlangt. Trainingsapparate sind nicht nur eine Möglichkeit, ein persönliches Muskeltraining zu optimieren, sondern auch ein heimlicher Feind. Nach dem Motto „Je härter, desto besser" versuchen sie die Maschinen mit möglichst vielen Gewichten zu beladen und so den Widerstand zu maximieren. Die Suche nach dem physischen Kick steht im Vordergrund. Segeln wird attraktiv, wenn man hart gegen Windböen kämpft, Mountainbiking zu einer vergnüglichen Herausforderung, wenn man im Schlamm stecken bleibt, und Fußball wird interessant, wenn ein Stürmer mehrere Verteidiger austrickst, um anschießend den Ball mit dem linken Fuß in die rechte obere Ecke zu schießen. Männer betrachten den eigenen Einsatz gerne als eine Performance vor einem realen oder fiktiven Publikum. Es geht nicht nur um Fußball, sondern um die Konfrontation zweier Teams, Regionen, Traditionen oder gar Nationen; es geht nicht nur um Mountainbiking, sondern den Kampf mit dem Berg, mit der Natur und gegen das Altern oder um die Überwindung des inneren Schweinehundes. Mental versetzen sich die Männer in eine grandiose Szenerie.[51] Für Männer ist Sport eine Gelegenheit, sich aufzuregen, tiefe Befriedigung oder grenzenlosen Ärger zu spüren. Während des Spiels wird geschrien, angefeuert und verurteilt, auch wenn man genau weiß, dass es sich ja nur um ein Spiel handelt. Risiken haben ihren speziellen Reiz. Die Vorstellung, dass man scheitern oder verletzt werden könnte, *belebt* Männer. Die Geschlechter verstehen unter Sensationen und Abwechslung oft nicht das Gleiche. Frauen suchen Erlebnisse, Männer das Risiko.[52] Sucht man nach Erlebnissen, dann sind sinnliche Erfahrungen im Vordergrund.[53] Frauen suchen die Sensation, ohne ein größeres Risiko eingehen zu wollen. Männer brauchen den existentiellen Kick. Sensationen sind bei ihnen mit Risiko verbunden. Sie suchen Bedrohungen und mögliche Niederlagen. Risiken einzugehen bedeutet, sich dem Leben zu stellen. Eine Verletzung ist der Beweis, dass man sich wirklich einer Herausforderung gestellt hat. Männer scheinen beim Sport, statt mit dem Körper zu gehen, eher gegen ihn kämpfen zu wollen.

Die größere Risikobereitschaft zeigt sich auch in anderen Lebensbereichen. Im Autofahren beispielsweise sehen jüngere Männer vielfach einen sportlichen Wettkampf, während für Frauen der Zweck des Autos ist, rasch und sicher von A nach B zu kommen. Man muss speeden und den anderen Verkehrteilnehmern sein Können beweisen. Nur Langweiler lenken den Wagen brav und regelkonform durch Städte und Dörfer. Wer etwas auf sich hält, macht auf Action! Kurven werden geschnitten, Verkehrregeln ignoriert, und auf geraden Strecken fühlt man sich wie ein Formel-1-Champion. Der Verkehr wird als eine große Arena wahrgenommen, in der man sich mit einer eigenen Rolle profilieren kann. Man sieht sich als verwegener Asphaltcowboy, raffinierter Pfadfinder, lässiger Beau oder trickreicher Gangster. Je nachdem werden Verkehrregeln nicht als Ausdruck einer von der Öffentlichkeit getragene Ordnung verstanden, sondern als gemeine Schikanen oder als Teil der Lebensbedingungen des Dschungels. Solche Männer spüren hinter dem Steuer wieder die Grundherausforderungen des Lebens. Risiken einzugehen bedeutet, sich dem Leben zu stellen, und wird nicht als Problem empfunden. Dieses Verhalten hat zur Folge, dass es bei Männern zu viel mehr (und oft grässlichen) Unfällen kommt.[54] Die Männer bis 25 sind die Altersgruppe, die am meisten Unfälle verursacht.

Frauen versetzen sich mental selten in einen grandiosen Kontext und können auf antagonistische Herausforderungen verzichten. Für sie ist es eher möglich, sich auf die tatsächliche körperlich-geistige oder sportlich-akrobatische Herausforderung zu konzentrieren. Beim Fußball geht es nicht um den ritualisierten Kampf, sondern um das Spiel mit einem Ball. Während für Männer Gefahren ein Spiel interessant machen, versuchen Frauen persönliche Risiken und Verletzungen zu vermeiden. Sie verhalten sich vorsichtiger und bedachter. Gefahren sind nicht Lebenselixier, sondern unnötig. Eine Freizeitaktivität sollte im Einklang mit den wirklichen körperlichen Möglichkeiten stehen. Nicht die eigenen Grenzen und die Leistungsfähigkeit steht im Vordergrund. Eine sportliche Tätigkeit bedeutet eine Hinwendung zum Körper. Dank Tanzen, Joggen oder Schwimmen spürt man sich intensiver, und es geht dem Körper besser.

Auch sonst tendieren Frauen in der Freizeit zu Aktivitäten, die ein gesellschaftliches oder ein Beziehungselement enthalten. Es geht darum, sich *gemeinsam* mit einer Freundin, einem Kolleginnenkreis, dem Partner oder im Rahmen einer Institution einem Thema, einer anregenden oder gesunden Tätigkeit zu widmen. Im Hobby wird eine Gelegenheit gesehen, sich vertieft mit Menschen auseinander zu setzen, die einem sympathisch sind oder ähnliche Interesse hegen. Spazierengehen, Fitness, Tanzen, Theater, Kino, belletristische, psychologische oder esoterische Literatur, Malen oder auch einfach Plaudern stehen hoch im Kurs. Das Hobby ist oft eingebunden in einen sozialen Kontext.

Männer verhalten sich da anders. Das Beziehungselement wird ausgeblendet oder als Nebeneffekt empfunden. Hobbys dienen nicht der sozialen Interaktion, sondern es geht primär um die Sache. Beziehungen sind eine Funktion der jeweiligen Tätigkeit. Wenn sich Männer im Kochklub, im Philosophenclub oder im ornithologischen Verein treffen, dann genießen sie die gemeinsame Auseinandersetzung mit einem Thema. Es geht nicht primär darum, über sich selber zu reden oder den anderen kennen zu lernen, sondern um die Tätigkeit. Die Freizeittätigkeiten der Männer zeichnen sich oft durch ein leicht autistisches Element aus. Sie koppeln sich durch das Hobby von der Umgebung ab und verschwinden in eine eigene Welt. Diese wird dann systematisiert, nummeriert, kategorisiert, strukturiert, jargonisiert, historisiert und anekdotisiert. Während einer Busfahrt nach Hasel habe man einem ehemaligen Schulkollegen aus Zollikofen von seiner Leidenschaft für Oldtimer erzählt. Dieser habe sich an einen alten Studebacker erinnert, den er vor einem Bauernhof in Utzenstorf gesehen habe. Nun stehe der Commander Convertible von 1953 in der eigenen Garage! Der Weinkeller katalogisiert, eine CD-Sammlung nach Musikrichtungen geordnet und eine Sammlung westafrikanischer Masken sorgfältig nach Funktionen zusammengestellt. Wird die persönliche Ebene des Hobbys angesprochen, dann reagieren Männern irritiert, überfordert oder beginnen zu relativieren: Das Interesse an alten Stadtplänen sei wahrscheinlich schon seltsam, doch wahrscheinlich sei man halt selber ein komischer Typ. Frauen können oft nicht nachvollziehen, wie Männer sich gemeinsam einer Tätigkeit widmen können, ohne sich für das Persönliche ihrer Kollegen zu interessieren.

Unterschiedliche Muster zeigen sich auch beim Einkaufen. Aus weiblicher Perspektive ist es anregend, Waren oder Kleider anzusehen und zu vergleichen. Das Shoppen wird als Erkundungstour erlebt. Es gibt nichts Schöneres, als Schaufensterauslagen zu inspizieren, neue Läden zu entdecken, Kleider anzufassen oder sich für die Wohnungseinrichtung anregen zu lassen. Die meisten Männer erleben dies anders. Für sie ist das Einkaufen eine zielgerichtete Handlung. Nicht das Herumschauen steht im Vordergrund, sondern es geht um die Suche nach einer Beute. Wenn sie im Rahmen eines Einkaufsbummels dazu verdonnert werden, in einem Kleiderladen „einfach mal so" Jacken, Hosen oder Anzüge anzuprobieren, dann fühlen sie sich irritiert. Ihr Jagdinstinkt wird blockiert. In solchen Momenten wünschen sie sich Uniformen zurück, zweifeln, ob sie mit der richtigen Frau zusammen sind, verdammen die westliche Konsumgesellschaft und die Liberalisierung der Ladenöffnungszeiten. Das Bummeln durch die Geschäfte und Läden ist für die meisten Männer kein Genuss, sondern höchstens ein Liebesdienst der Partnerin gegenüber. Sie selber möchten am liebsten in den Laden hineinrennen, nach einer kurzen Lageanalyse ein Objekt fixieren, es ergreifen und dann den Laden fluchtartig wieder verlassen. Käufe sind nicht das Resultat eines längeren Auswahlverfahrens, sondern Trophäen. Längere Diskussionen bringen in die falsche Stimmung oder lenken ab. Entweder man findet etwas, oder man lässt es bleiben.

Sprachstile

Sie: „Wir könnten doch eine Reise ins Burgund unternehmen, um den neuen Beaujolais zu probieren!" Er: „Ach, weißt du, guten Burgunder kannst du viel besser direkt von hier aus bestellen, und außerdem noch billiger!" Sie: „Du verstehst nun wirklich gar nichts!"

Viele Männer können solche Reaktionen nicht nachvollziehen. Wieso ist die Partnerin plötzlich beleidigt? Man hat doch lediglich auf die Tatsache hingewiesen, dass Weindegustationen im Burgund sich nicht auszahlen, und jeder weiß das! Kommunikation zwischen Paaren ist nicht einfach. Die Partnerin beklagt sich über den Haushalt oder das Verhalten einer Freundin. Als Mann erntet man jedoch Hohn, wenn man einen differenzierten Plan für die Küchenarbeit vorschlägt oder meint, man soll der Freundin doch einfach reinen Wein einschenken! Frauen reden einem den Kopf voll, doch wenn es um konstruktive Vorschläge und effektive Lösungen geht, dann wollen sie plötzlich nichts mehr wissen! Aus der Sicht der Männer sind Frauen einfach „schwierig" und neigen zu irrationalem Verhalten. Frauen ihrerseits haben das Gefühl, es definitiv mit unsensiblen Rüpeln zu tun zu haben, die nicht über eine Spur von Menschenkenntnis verfügen und nicht zuhören können.

Sprache dient dazu, uns gegenseitig unsere Gedanken und Emotionen mitzuteilen. Durch die Sprache verleihen wir unserer Innenwelt Ausdruck und machen sie anderen Menschen zugänglich. Wir umschreiben durch Worte, Begriffe und Metapher, was uns umtreibt. Wir versuchen, Gefühle, auch diffuse oder widersprüchliche, zu erfassen oder unsere Absichten und Motive auszudrücken. Subjektive Wirklichkeiten werden transparent. Uns ausdrücken und uns den anderen mitteilen zu können ist für unsere Psychohygiene unbedingt notwendig.

Wenn wir uns selber hören, dann sind wir meistens überzeugt, dass unsere Botschaften kristallklar sind: Wenn wir unseren jugendlichen Sohn ermahnen, sich im Restaurant „anständig“ zu benehmen, oder dem Partner mitteilen, dass wir einen Moment in Ruhe gelassen werden möchten, dann halten wir die übermittelte Botschaft für eindeutig. Dass der Sohn unter Anstand nicht dasselbe versteht und der Partner sich zurückgestoßen fühlt, können wir schwer nachvollziehen. Es ist doch klar, was man gemeint hat, der andere muss nur seine Ohren spitzen! Da wir unser persönliches Sprachverhalten nur aus unserer subjektiven Position betrachten können, gehen wir mit uns gnädig um. Es fällt uns schwer zu erkennen, dass es sich bei Kommunikation auch um einen objektiven Prozess handelt. Von der Idee im Kopf des Senders bis zur Aufnahme der Information beim Zuhörer ist ein langer, komplizierter Weg. Der Kommunikationsprozess ist voller Tücken. „Morgen beginnen wir eine ganz normale Woche!“, teilt eine Frau am Sonntagabend ihrem Mann beiläufig mit. Sie will sagen, dass der Sohn um sieben Uhr geweckt werden muss, sie das Auto für ihre Firma braucht und das Geld für die Putzfrau bereitliegen sollte. Gemäß ihrem Verständnis *impliziert* ihre Mitteilung diese Aussagen. Ein empathischer und verständnisvoller Ehemann weiß dies. Ihr Partner entnimmt ihrer Aussage jedoch andere Botschaften. Eine „normale Woche“ heißt für ihn, dass er nicht zweimal mit Kollegen ausgehen soll und nicht um sechs Uhr vom Büro aus anrufen darf, um mitzuteilen, dass es „ein bisschen später“ wird. Er empfindet ihren Hinweis auf Normalität als einen Disziplinierungsversuch, während sie glaubte, nur die bewährte Beziehung zu bestätigen. Beide haben versucht, offen und ehrlich zu kommunizieren, doch das Resultat war ein Fiasko. Sie haben sich nicht verstanden.

Durch die Kommunikation versuchen wir aus unserer persönlichen Welt auszubrechen und auf die Umwelt einzugehen. Sprache ermöglicht Kontakt und Begegnung. Das Problem ist jedoch, dass unsere Mitteilungen, sind sie einmal ausgesprochen, sich in einer Art „Zwischenwelt" bewegen und durch Normen, Klischees und persönliche Voreingenommenheiten verbogen werden. Wir hören nicht einfach auf unsere Mitmenschen, sondern interpretieren ihre Mitteilungen gemäß unserem Temperament, unseren Wahrnehmungscodes, unseren Bildern von ihnen und unseren Problemen. Wir registrieren lediglich, was unser subjektiver Filter durchlässt. Sprachliche Äußerungen werden mit individuell unterschiedlichen Ohren gehört.[55] Unsere Persönlichkeit mischt immer mit, wenn wir etwas hören oder sagen. Dazu kommt, dass unsere Aussagen und Handlungen je nach kulturellem Kontext eine andere Färbung bekommen. Gespräche über das Essen haben in Frankreich eine andere Bedeutung als in Schweden oder Schottland. Während in den romanischen Ländern das Kulinarische eine Möglichkeit ist, auf eine indirekte Weise existentielle Lebensfragen abzuhandeln, empfindet man in nordischen Ländern solche Gespräche eher als peinlich oder zu feminin.

Es hilft uns, wenn wir Sprache nicht nur als Kommunikation, sondern auch als *Inszenierung* begreifen. Wenn wir reden, dann geht es nicht nur um Mitteilungen, sondern immer auch um Selbstdarstellung. Die Sprache ist ein Mittel, um sich ins Leben einzubringen. Je dramatischer oder eloquenter der Mitteilungsakt, desto mehr suggeriert er uns Macht und Anschluss an die Umwelt. Wenn wir eine Stunde lang von Korfu schwärmen oder uns über das Verhalten des Sohnes beklagen, dann fühlen wir uns präsent und durch das Reden in unserem Dasein bestätigt.

Bei intimeren Gesprächen sind wir sogar überzeugt, dass die Grenzen des Ichs zerfließen und wir ins Gegenüber eintauchen.

Dank der Sprache partizipieren wir an der Außenwelt. Dieses Gefühl der Teilhabe ist großartig und lebensnotwendig. Ob wir jedoch *wirklich* kommunizieren und mit der Umgebung *tatsächlich* in Verbindung stehen, ist bei nüchterner Betrachtung nicht so sicher. Oft erliegen wir Selbsttäuschungen. Wir werden oft nicht so gehört und verstanden, wie wir wollen und glauben. Da wir Mitteilungen immer nur aus der Perspektive des Senders hören, merken wir oft nicht, wenn wir aneinander vorbeireden oder uns mit oberflächlichen Interaktionen begnügen. Das Urteil unserer persönlichen Selbstkontrolle ist oft nicht richtig, da wir nicht aus uns heraustreten und den Standpunkt des Gegenübers einnehmen können. Wahrscheinlich müssen seelische Tiefenschichten mitschwingen, damit wir verbunden sind; die tagtägliche Kommunikation bleibt an der Oberfläche. „Hallo! ich bin wieder da!", ruft ein Jugendlicher seinen Schulkollegen zu. Er hat das Klassenzimmer für kurze Zeit verlassen. Er ist überzeugt, dass die Klasse ihn vermisst hat und seinen Gruß registriert. Er merkt nicht, dass weder seine Abwesenheit noch sein Gruß wirklich bemerkt wurde. Trotzdem waren seine Worte wichtig für ihn: Er bestätigt sich dadurch selber, dass er wieder zurück ist und zur Gruppe gehört.

Ob wir verstanden werden, hängt nicht nur von unserer Erziehung und gesellschaftlichen Faktoren ab, sondern auch davon, welchem Geschlecht wir angehören.[56] Männer reden und kommunizieren anders als Frauen. Wenn Männer eine Aufgabe sprachlich bewältigen, dann wird fast ausschließlich die linke Gehirnhälfte benützt. Frauen hingegen benützten beide Gehirnhälften.[57] Auch wenn sie sich derselben Sprache bedienen, dem gleichen Milieu entstammen und der gleichen beruflichen Tätigkeit nachgehen – in ihrer Rede unterscheiden sich die Geschlechter.[58] Ein Mann wählt andere Wörter, setzt andere Akzente, entwickelt einen anderen Duktus und hört anders als eine Frau. Ein Mann entnimmt einer Aussage nicht die gleichen Informationen und setzt andere Strategien ein, wenn er sich mitteilt. Wenn die Geschlechter miteinander kommunizieren, dann stehen sich zwei verwandte, jedoch gleichzeitig fremde Wesen gegenüber. Als Männer können wir noch so überzeugt sein, uns verständlich und klar ausgedrückt zu haben, unser Geschlecht hat uns sprachliche Barrieren auferlegt. Wenn wir scheinbar präzise unsere Ansichten darstellen, dann wimmelt es immer noch von Mehrdeutigkeiten. Aus weiblicher Sicht sind wir nicht so eindeutig, wie wir meinen.

Im Alltag verzichten wir meistens auf das vertiefte Ausloten der Differenzen, weil wir dann innehalten müssten und von unseren Plänen abgelenkt würden. Oder wir haben wegen der Flüchtigkeit des Kontaktes oder aus Desinteresse am Gegenüber gar nicht bemerkt, dass wir aneinander vorbeigeredet haben. Wir wollen die Kollegin oder den Kollegen vielleicht auch gar nicht verstehen, weil es uns genügt, wenn wir irgendwie aneinander vorbeikommen. Oft geben wir uns jedoch auch zu Unrecht der Meinung hin, dass wir von der Partnerin, dem Freund, dem Mitarbeiter oder dem Chef wirklich verstanden werden. Wir merken nicht, dass sich eine Mauer aufgebaut hat, und versäumen es, Missverständnisse aufzudecken und die geschlechtsspezifischen Codes zu knacken. Vielleicht empfindet die Partnerin unsere langen Ausführungen über die neuen Entwicklungen in der Luftkanaltechnik nicht als Loyalitätsbeweis, und Männer merken umgekehrt nicht, dass die vielen Ferienprospekte auf dem Morgentisch nicht nur das Resultat eines schlechten Abfallmanagements sind. Meistens wird uns erst bewusst, dass wir das Gegenschlecht nur teilweise oder sogar gar nicht verstehen, wenn ein offener Konflikt aufgebrochen ist.

Die Sprachunterschiede zwischen den Geschlechtern sind nicht nur ein Randphänomen: Männer und Frauen zeichnen sich durch klare Sprachprofile aus. Auffallend ist zunächst einmal, dass die Frauen im Alltag und im Beruf den Männern sprachlich überlegen sind. Der Gehirnanteil, der für die Sprache verwendet wird, ist bei den Frauen größer als bei den Männern.[59] Frauen zeichnen sich durch eine größere sprachliche Gewandtheit aus. Es fällt ihnen leichter, die richtigen Worte zu finden, wenn sie neue Bekanntschaften schließen oder sich bei einem Umtrunk mit Gästen unterhalten.[60] Sie sind nicht mundfaul, wenn sie am Telefon nach der Situation bei der Arbeit oder nach der eigenen Befindlichkeit gefragt werden. Bei sozialen Kontakten, in psychotherapeutischen Sitzungen oder bei Aufgaben mit sprachlichem Schwerpunkt stellen sie die Männer regelmäßig in den Schatten. Sie können Personen präziser beschreiben und deren Gefühle treffender deuten. Miteinander reden ist eine Form des Zeitvertreibs und der Reflexion. Tratschen, schwatzen oder einfach mal kurz etwas erzählen bereitet Vergnügen.[61] Frauen verstehen nicht, wie Männer an einem Tisch sitzen können, ohne wirklich miteinander zu reden. Erlebnisse, eine neue Bekanntschaft oder ein Problem, all das will man erst einmal mit einer Freundin besprechen.

Die Männer haben die Vorzüge des intensiven verbalen Austausches noch nicht entdeckt. Oft sind sie die Schweiger, wenn es um persönliche Gefühle und Begegnungen geht. Im persönlichen Kontakt suchen sie oft hilflos nach den richtigen Wörtern und verhalten sich einsilbig.

Die größere Eloquenz der Frauen bedeutet jedoch nicht, dass sie auch unbedingt über eine höhere Sprachkompetenz verfügen. Sprachanalysen haben ergeben, dass Frauen über einen immensen Schatz an *Beziehungswörtern* verfügen. Diese Qualität des Wortschatzes kommt ihnen während der Begegnung mit Mitmenschen zugute. Ein Arbeitskollege gibt sich „verhalten“, „reserviert“ oder „schüchtern“, während ein Mann findet, er sei „ein guter Typ“. Frauen lieben Wörter, die sich auf die Interaktion mit Menschen beziehen. Der Wortschatz der Männer hat eine andere Qualität. Der Wortschatz der Männer spiegelt ihre *spezifischen Interessensgebiete* wider. In ihrer Kommunikation dringt fast immer das Fachgebiet durch, das sie interessiert. Männer reden nicht einfach über sich, sondern sie stellen sich eher über Themen dar. Sie verwenden eine *Berichtssprache*.[62] Trotz jahrzehntelanger Sensibilisierungsversuche, Kampagnen und Forderungen fällt es den meistens Männer enorm schwer, mehr als zwei Sätze über sich selber zu sagen. Werden sie jedoch zu den Lokomotiven der Bahn, zum Rudersport oder zu den neuesten Laptops befragt, dann lockert sich plötzlich die Zunge. Die Augen funkeln, die Mimik wird lebhaft und der Tonfall wird lebendig: Endlich darf man reden und sich zu einem Thema äußern, das wirklich interessant ist. Als Frau sitzt man dann betreten daneben und wünscht sich, man hätte vielleicht doch lieber nicht nach den Interessen gefragt.[63]

Männer lieben Vorträge, Ansprachen und Stammtischgespräche. In einer gemütlichen Tischrunde zu sitzen und zu debattieren erleben sie als Genuss. Weil das Persönliche in den Hintergrund rückt, kann ungehemmt schwadroniert und palavert werden, ohne dass lästige Beziehungssignale oder Stimmungseinbrüche die Dynamik stören. Der Bericht, die Sachfrage oder ein kollektives Thema steht im Vordergrund. Für die meisten Frauen ist diese Einstellung nicht nachvollziehbar. Ihre Stärke ist das Entwickeln einer Idee oder das Ausloten eines Themas von Angesicht zu Angesicht. Aus ihrer Sicht leben Gespräche vom Hin und Her und haben nichts mit autistischen Selbstdarstellungen zu tun. Sie formulieren ihre Worte und Gedanken im Hinblick auf den konkreten Adressaten, während Männern ein reales oder imaginäres Publikum bevorzugen.[64]

Eine der wenigen Situationen, wo Männer im Zweierkontakt reden, ist die Balzphase. Unbewusst realisieren sie, dass man bei Frauen mit Reden weiterkommt als durch Machoverhalten. Sie strengen sich darum an, halten sich zurück und mimen ein Interesse an den Bastelarbeiten einer Kindergärtnerin oder den Marketingideen einer Modedesignerin.

Es gibt noch weitere Unterschiede, die die Sprache betreffen. Frauen setzen mehr *Füllwörter* und *Relativierungen* ein. Frauen antizipieren in Formulierungen die Gefühle, Reaktionen und Empfindungen des Gegenübers, während Männer oft nur die Aussagen im Kopf haben. Im Gegensatz zu Männern verkünden Frauen eigene Gedanken nicht als granitene Tatsache, sondern als ihre persönliche Meinung: „Weißt du, eigentlich mache ich dieselbe Erfahrung wie du, aber …" oder „Doch, ich kann auch deine Gefühle verstehen – aber ich kann vielleicht noch etwas hinzufügen …" Solches Reden ist den meisten Männern fremd. Was sie sagen, soll sofort als unumstößliche Tatsache angenommen werden. Es geht um Statements: „Die heutige Wirtschaftkrise *ist* durch die hohe Staatsquote ausgelöst worden!", wird verkündet oder : „Heute Abend essen wir alle im Restaurant Amalfi an der Dufourstraße!" Männer machen eigentlich keine Vorschläge, sondern geben *Handlungsanweisungen*. Dass es sich um einen persönlichen Gedanken handelt, vergessen sie. Da Männer auf das Gegenüber weniger Rücksicht nehmen, werden heikle Themen direkter angesprochen. „Du hast versagt, du Wichser!", so reagierte ein Student auf das schlechte Abschneiden seines Kollegen in einer Zwischenprüfung an der Uni. Solche Sätze sind unter Frauen seltener. Trösten, Besänftigungen oder allenfalls verbale Sticheleien sind die Norm. Eine Frau würde eher sagen: „Eigentlich finde ich dein neues Kleid ganz schön, aber vielleicht solltest du doch lieber Hosen tragen!", während Männer da oft direkter sind: „Steht dir nicht!", wäre ihr Kommentar.

Weil Männer sich weniger auf das Gegenüber ausrichten, neigen sie zu Unterbrechungen. Kommt ihnen etwas in den Sinn, dann muss es sofort und unmittelbar gesagt werden.[65] Die Partnerin oder den Kollegen ausreden zu lassen macht keinen Sinn, wenn man den Kern der Aussage verstanden und das Gegenargument schon parat hat. Weil solche Unterbrechungen natürlich nicht immer toleriert werden, enthalten Gespräche unter und mit Männern ein *Eskalationspotenzial*. Rede, Widerspruch, Gegenrede und erneutes Ins-Wort-Fallen führen dazu, dass Gespräche mit und unter Männern dynamisch oder chaotisch verlaufen. Der Geräuschpegel steigt. Während Frauen sich bei Gesprächen einander annähern und – falls es sich um eine Gruppe handelt – mit der Zeit intime Zweiergruppen bilden, entwickeln sich Männergespräche zu allgemeinen Debatten. „Es handelt sich doch um Archetypen!", schrie ein Teilnehmer während einer Diskussion an der Universität von Caracas. Der kubanische Psychologe stand auf, fuchtelte wild mit den Armen und wiederholte laut und bestimmt seine Hauptthese: „Die Mythologie ist der Schlüssel zum Verständnis des Menschen!" Keine Sekunde dachte er daran, die anderen ausreden zu lassen. Ein anderer Gesprächsteilnehmer wurde ebenfalls heftiger und versuchte vergeblich, alle anderen zu übertönen. Solche Diskussionen empfinden Frauen als ärgerlich. Aus ihrer Sicht ist es arrogant, wenn das Gegenüber heftig den Kopf schüttelt, zynische Sprüche von sich gibt, unterbricht und widerspricht, bevor man zum Punkt gekommen ist. Sie haben das Gefühl, der andere werde nicht respektiert.

Die Berücksichtigung der Persönlichkeit des Gegenübers hat allerdings auch eine Kehrseite. Da Frauen sich eher auf die Psychologie des Gegenübers einstimmen, können sie besser verbale Gemeinheiten und persönliche Angriffe einsetzen.[66] Mit Anspielungen oder kleinen Bemerkungen sticht man mitten ins Wespennest. Natürlich werden solche Worte meistens im Namen der Fürsorge oder Empathie geäußert. Die Aggression wird sprachlich maskiert, indem sie als Beziehungsäußerung deklariert wird. „Musst du nicht zum Zahnarzt?", erkundigt sich eine Sekretärin unschuldig bei ihrer Kollegin. Die harmlose Frage erfolgt natürlich just in jenem Moment, wo der Chef ins Zimmer tritt. Der Kollegin gegenüber mimt man Mitgefühl, doch eigentlich will man sie beim Chef anschwärzen. Männer fühlen sich bei versteckten weiblichen Aggressionen oft hilflos. Auf dieser Ebene können die meisten Männer Frauen nicht Paroli bieten.

Gefühle

Ein Vater holt seinen sechzehnjährigen Sohn von der Schule ab. Er möchte mit ihm über die Schule und die Regeln für den Ausgang reden. Leider bleibt die Diskussion nicht ruhig und sachlich, sondern nach kurzer Zeit eskaliert sie. Beide schreien sich an und machen sich gegenseitig heftige Vorwürfe. „Ötzi!", beschimpft der Sohn seinen Vater, während jener seinem Sohn Verwöhnung und Faulheit vorwirft. Nach einem heftigen Wortduell sitzen die beiden schließlich noch zerknirscht und wortlos nebeneinander. Zu Hause angelangt stoppt der Vater das Auto vor die Garage und steigt wortlos aus. Den Schlüssel hat er im Zündschloss stecken gelassen. Für den Sohn ist dies das Zeichen, dass er den Wagen in die Garage fahren darf.

Frauen gelten als *emotionaler*. Begegnen sich zwei gute Freundinnen, dann teilen sie sich ihre Wiedersehensfreude mit, machen sich gegenseitige Komplimente und umarmen sich. Männer sind wortkarger. Die meisten Männer haben große Mühe einem Kollegen, den Kindern oder sogar der Partnerin gegenüber ihre Gefühle auszudrücken. Zu einem Kollegen zu sagen: „Weißt du, ich habe immer wieder an dich denken müssen und mich gefragt, wie es dir an deiner neuen Arbeitsstelle geht!", wäre fast peinlich. Das mangelnde Ausdrucksvermögen der Männer ist vielen Frauen jedoch ein Grund zum Ärger.

Wie sie mit ihren Gefühlen umgehen sollen, ist oft auch für die Männer selber ein Problem. Der „neue Mann" sollte bekanntlich zu seinen Gefühlen stehen, er muss sich nicht in seine Höhle zurückziehen, sondern darf seine Ängste zulassen und Empfindungen wie Freude oder Unsicherheit ausdrücken. Erwartet wird, dass Männer an sich arbeiten und lernen, gegenüber Frauen, anderen Männern und auch gegenüber sich selbst offen zu sein. Ein junger Mann hatte nach gutem Zureden seitens eines Schulpsychologen ein Dutzend sentimentaler Filme gekauft. Er wollte sie sich ansehen, um endlich einmal „zu Tränen gerührt zu sein".

Wie so oft im Leben ist die Sache jedoch komplizierter. Männer haben nicht *weniger* Gefühle als Frauen, sondern sie drücken sie nur nicht auf dieselbe Art und Weise aus. Während viele Frauen fähig sind, Gefühle mimisch und mit Worten auszudrücken, konzentrieren sich Männern auf Handlungen. Gefühle drücken Männer selten sprachlich aus, sondern indem sie Kinokarten besorgen, den Toaster reparieren, sich nach der Möglichkeit einer Steuerermäßigung erkundigen oder eine bessere Arbeitsstelle suchen. Nicht Worte sind aus männlicher Sicht entscheidend, sondern das, was man tut. Wenn der Vater den Zündschlüssel stecken lässt, dann weiß sein Sohn, dass sein Vater zu ihm steht und ihn gern hat. Er wählt nicht den verbalen Ausdruck, sondern lässt eine Handlung sprechen. Wollen wir etwas über das Innere eines Mannes erfahren, dann müssen wir seine Handlungen deuten. Viele Alltagstätigkeiten sind mit Gefühlen besetzt. Wenn Männer das Auto beladen, sich immense Mühe geben, dass alles Nötige und Überflüssige Platz hat, und sich vorher auch noch um den internationalen Schutzbrief kümmern, dann teilen sie der Familie mit: Ich freue mich, mit euch eine gemeinsame Zeit zu verbringen. Wenn ein Vater für seinen Sohn eine Baumhütte baut, dann teilt er ihm eigentlich mit: Ich liebe dich.

Sinn für Details

Ein weiterer Unterschied betrifft die Wahrnehmung. Männer haben oft einen weniger großen Sinn für Details und konzentrieren sich stattdessen auf Projekte. Dies kann zu argen Missverständnissen führen. „Du hast doch versprochen, dich dieses Wochenende *wirklich* ganz den Kindern zu widmen. Ich komme nach Hause, und was sehe ich? Unser Sohn läuft ohne Jacke draußen herum, und in seinem Zimmer herrscht eine riesige Unordnung!" Die Mutter ist empört und enttäuscht. So hat sie sich den Einsatz des Vaters nicht vorgestellt. Der Vater hingegen reagiert leicht verlegen. Er selber hatte das Gefühl, es sei alles bestens gelaufen. Er und sein Sohn haben zusammen den Sturm der Hunnen nachgespielt, einen spannenden Film angeschaut und zusammen gekocht. Die Kritik seiner Frau betrachtet er als nicht gerechtfertigt, obwohl er einsieht, dass er den kritisierten Punkten mehr Aufmerksamkeit hätte schenken sollen.

Komplementarität

In diesem Kapitel haben wir uns mit Unterschieden im Denken und Verhalten zwischen den Geschlechtern befasst. Weiblichkeit und Männlichkeit sind jedoch keine eindeutigen Größen. Für ein Geschlecht typische Eigenschaften können nicht immer eindeutig Frauen und Männern zugeschrieben werden. Weil es sich stets um Generalisierungen handelt, kann der oder die Einzelne sich in seinem Persönlichkeitsprofil vom Klischee unterscheiden. Auf der Verhaltens- und Erlebnisebene lassen sich Unterschiede zwischen den Geschlechtern feststellen, aber aus der Sicht der Tiefenpsychologie sind die Verhältnisse weniger klar. Männer wie Frauen haben auch die Eigenschaften des Gegengeschlechts in sich. Männern sind weibliche Verhaltensmuster vertraut, und Frauen können auch männliche Qualitäten nachvollziehen. Aus psychologischer Sicht haben Männer einen weiblichen, Frauen einen männlichen Seelenanteil. Diese psychische Zweigeschlechtlichkeit ist eine wichtige Voraussetzung, um das andere Geschlecht zu verstehen. Wir treffen also immer auch auf einen eigenen Seelenanteil, wenn wir uns mit dem Gegengeschlecht befassen. Tatsache ist jedoch auch, dass wir eine bestimmte Geschlechtsidentität entwickeln. Wir werden zur Frau oder zum Mann und nicht zu einem androgynen Wesen. Die überwiegende Mehrzahl der Menschen identifiziert sich entweder mit männlichen oder mit weiblichen Eigenschaften. Die Geschlechtsidentität baut auf biologischen Unterschieden auf, bedient sich jedoch auch soziologischer Inhalte. Während der Redestil eher genetisch bedingt ist, sind Kleidungsformen gesellschaftlich definiert. Da wir uns als Frauen oder als Männer verstehen, bringen wir uns auch bei Auseinandersetzungen als solche ein. Wir streiten als Mann oder Frau, auch wenn wir den jeweils anderen Seelenanteil in uns haben. Während wir in beruflichen oder öffentlichen Disputen das Geschlechtsspezifische eher zurückhalten, halten wir uns im privaten Lebensbereich weniger an diese Schranken. In Streitigkeiten zwischen Paaren kommen darum die Unterschiede zwischen den Geschlechtern deutlicher zum Vorschein als im Beruf oder in der Politik.

5
Von den romantischen Illusionen zur Realität

Beziehungen werden in bester Absicht begonnen. Oft sind wir überzeugt, dass Meinungsdifferenzen dank der gegenseitigen Zuneigung und mit etwas Vernunft bereinigt werden können. Viele Paare betrachten sich während der romantischen Phase als einen Ausnahmefall. In diesem Kapitel wird aufgezeigt, wie sich in einer harmonischen Beziehung Differenzen einschleichen und das Gegenüber einem partiell fremd wird. Dieser Prozess verläuft in der Regel in mehreren Phasen, von den ersten, fast unmerklichen Anzeichen bis zu immer heftigerer Eskalation. In solchen Auseinandersetzungen erlebt das Paar die Unterschiede zwischen den Geschlechtern besonders betont. Männer streiten tendenziell anders als Frauen.

Ein wunderbarer Sommertag. Ein älteres Paar sitzt allein in einem Zugabteil. „Hätten wir den 9.15-Uhr-Zug nach Olten genommen, dann wären wir um 11.30 Uhr in Spiez und hätten noch die 11.45-Uhr-Bahn auf den Niesen erreicht!", sagt der Mann, ohne seine Frau eines Blickes zu würdigen. Er starrt weiter aus dem Fenster auf die vorbeiziehenden Bauernhäuser. Ohne mit dem Stricken aufzuhören, murmelt sie: „Ich finde, meine Schwester hätte auch ein Geschenk verdient!" In der Ferne tauchen die wunderschönen Jurahöhen auf, als er sagt: „Die Fahrt auf den Niesen dauert nicht lange, wir hätten gemütlich zu Mittag essen und außerdem die Aussicht genießen können, und dann hätten wir noch den 14.45-Uhr-Zug nach Thun erwischt." Der Zug nähert sich der Autobahn Zürich–Bern, als die leicht verhärmte Frau meint: „Es geht immer nur um *deine* Schwester!" Kurz vor dem Eintreffen im Berner Bahnhof sagt er entschlossen: „Wenn man einen Ausflug in die Berge unternimmt, dann steht man früh auf!"

Ich weiß nicht, ob der Tagesausflug dieses Paares ein Erfolg wurde. Vielleicht gelang es ihnen wenigstens einmal während der Fahrt, sich kurze Zeit ins Gesicht zu blicken und direkt miteinander zu kommunizieren. Vielleicht sind die beiden Pensionäre jedoch zu sehr in ihr Streitmuster verstrickt. Der Dauerkonflikt, der zwischen ihnen herrscht, verhindert ein konstruktives Gespräch und eine wirkliche Begegnung. Es ist jedoch unwahrscheinlich, dass dieses Paar schon immer aneinander vorbeigeredet hat. Früher, zu Beginn ihrer Beziehung, muss es anders gewesen sein. Sicher gab es einmal eine Zeit, wo sich die beiden offen begegneten, einander zuhörten und aneinander Freude hatten. Was ist geschehen?

Beziehungen sind lebensnotwendig. Nur wenige Menschen wollen ihr Leben als Single oder Eremit verbringen, sondern wir sehnen uns nach einer Partnerin oder einem Partner. Wir wünschen uns einen Menschen, mit dem wir Pläne schmieden, Sorgen austauschen, Abenteuer erleben, eine Familie gründen und unsere Körperlichkeit genießen können. Wir hoffen auf einen Menschen, der sich für uns interessiert. Einsamkeit ist herrlich, doch nur wenn das Alleinsein durch Begegnungen mit einem vertrauten Menschen unterbrochen wird. Dieser spezielle Mensch wird uns nicht durch den Staat zugeteilt oder durch die Familie vermittelt, sondern wir müssen *selber* auf die Suche gehen. Die freie Partnerwahl ist ein Menschenrecht. Wen wir wählen, wollen wir nicht vom Portemonnaie, der Familie oder der Schicht abhängig machen, sondern wir treffen eine *Beziehungswahl*. Seit dem Anfang des 19. Jahrhunderts ist die gegenseitige Zuneigung die Basis einer Partnerwahl.[67] Wir tun uns mit einem Menschen zusammen, der uns sympathisch, vertrauenswürdig und liebenswert ist. Wir wählen nicht primär nach dem Verstand, sondern nach unseren Gefühlen. Partnerwahlen gehorchen der Logik des Herzens und nicht des Kopfes. Oft ist es eindeutig: „Als ich ihn sah, habe ich sofort gewusst, dass dieser Mann zu mir gehört! Auch wenn er aus einer völlig anderen Kultur stammt, eine andere Sprache spricht und hier keine Arbeit hat: Sein Blick hat mich verzaubert!" Andere Paare finden sich langsam: „Es ging mir schlecht, und er war einfach da. Ich habe dann immer mehr gemerkt, dass wir eine tiefe Verbindung haben." Die Grundlage von Beziehungen ist jedenfalls bei uns also die gegenseitige intensive Zuneigung.

Die Partnerwahl erfolgt bei uns oft stürmisch. Das Gefühl der Verliebtheit löst Hochstimmung aus. Schmetterlinge flattern im Bauch, man fühlt sich luftig, leicht, unbeschwert und sieht das Gegenüber in rosaroten Farben. Man weiß Eigenschaften zu nennen, die die außergewöhnliche Qualität der Beziehung begründen. „Bärbel und ich könnten unendlich lange diskutieren. Wir reden über Kultur, Politik und Kunst! Ich finde, sie ist wahnsinnig gescheit." Der Optimismusschub, den eine neue Beziehung auslöst, regt auch die *Fantasie* an. Wir beginnen zu träumen, schmieden Projekte und schwelgen in Zukunftsfantasien. Gemeinsame Erlebnisse und Vorfälle werden, wenn sie noch so banal sind, fast mystisch überhöht: „Der Ausgang des Corso-Kinos hat es in sich, dort schlug es wie ein Blitz ein. Ich merkte, dass mich mit diesem Mann etwas Spezielles verbindet." Oft beginnen Menschen eine Beziehung mit einer speziellen Geschichte: „Als wir uns kennen lernten, lebte er in der Bretagne und ich in Dijon. Es war fast unmöglich, sich zu sehen. Jeden Cent, den wir auftreiben konnten, gaben wir für Wochenenden in Paris aus. Oft wussten wir nicht, wo wir schlafen würden oder wie wir das Essen bezahlen konnten, doch wir wurden durch Spaziergänge an der Seine und stundenlanges Plaudern in einem Café am Boulevard Saint-Germain entschädigt!" Wir möchten einen Mann oder eine Frau, bei dem oder bei der wir uns wohl fühlen, dem oder der wir vertrauen können, der oder die loyal ist und mit dem oder der es ganz allgemein „stimmt".

Die Partnerwahl erfolgt nach *romantischen Kriterien*. Die Romantik ist ja nicht nur eine Literatur-, Kunst- und Musikrichtung, sondern auch eine Einstellung. Wenn wir romantisch veranlagt sind, dann suchen wir in der Außenwelt nach Bildern und Erlebnissen, die unsere subjektiven Gefühle und Empfindungen bestätigen. Eine Landschaft, eine Pflanze oder ein Restaurant wird nach dem symbolischen Ausdruck gewählt. Wir möchten uns in unsere Eindrücke versenken. Einem Romantiker dient die Umwelt als Fundus für Metaphern, um die eigenen Gefühle und Empfindungen auszudrücken. „Die Casa Gabriella am Comer See strahlt für mich eine gediegene Nostalgie aus, ich fühle mich dort total mit der Italianità verbunden und eins mit der Welt." Wenn wir romantisch denken, dann schwelgen wir in positiven Gefühlsäußerungen und blenden problematische Dimensionen des Lebens aus. Nicht kritische Analysen sind gefragt, sondern Entrückung! „Die Yanonami-Indianer sind absolut mit der Natur verbunden, die Gier, der Materialismus und die Hektik des westlichen Menschen sind ihnen absolut fremd." Während wir bei einer nüchternen Einstellung unsere Eindrücke hinterfragen, ist in der Romantik die *Singularität des Gefühls* gefragt. Wir definieren uns nicht als Gegensatz zu den Objekten und Mitmenschen, sondern streben nach der Verschmelzung. Wir möchten die Distanz zwischen Ich und Außenwelt, Bewusstsein und Objekt aufheben.

Für einen Realisten oder Zyniker ist die romantische Einstellung schwer nachvollziehbar: „Zynismus ist die Kunst, die Dinge so zu sehen, wie sie sind, und nicht, wie sie sein sollten" (Oscar Wilde). Dass man an einem Bündel „Pflanzenleichen" Freude hat oder ein Flugticket nicht entsorgt, weil es Erinnerungen wachhält, empfindet ein Zyniker als affektiven Infantilismus. Aus dessen Sicht betrachtet der Romantiker die Umwelt mit unscharfem Blick und interessiert sich nicht für die wirklichen Gesetzmäßigkeiten des Lebens. Der Romantiker will sich täuschen lassen, weil ihm das Schwelgen in seinen Gefühlen wichtiger ist als das tatsächliche Leben. Er wendet sich von der Umwelt und seinen Mitmenschen ab, indem er seine Umgebung sentimentalisiert. „Ich war in einem Pub in Kildonen, am Rand des Loch Earn. Die knorrigen Hochländer erzählten sich Geschichten, machten Witze und tranken Bier: Hier gibt es noch Gemeinschaft und gelebte Naturverbundenheit! Man spürt die keltische Seele", schwärmt eine Frau nach einer Reise nach Schottland. In ihrer romantischen Verblendung hat sie nicht bemerkt, dass es sich bei der Hälfte der Pubbesucher um Alkoholiker handelte und bei den anderen Hälfte um englische Touristen. Außerdem ist das Leben dort genauso gekennzeichnet durch Eifersucht, Neid und Konflikte wie anderswo.[68] Der Romantiker möchte sich täuschen lassen und an seiner sentimentalen Sicht festhalten. Widrigkeiten und Paradoxien interessieren ihn nicht.

Romantischer Schwebezustand

In der ersten Phase einer Beziehung befinden sich viele Paare in einem *romantischen Schwebezustand*. Man ist, wie man sagt, im „siebten Himmel". Die oder der andere wird zu einem Symbol der eigenen Gefühlswelt oder Seelenlandschaft. Das Mysterium des Lebens wird über die Paarbeziehung angegangen. Vor allem bei jüngeren Paaren dominiert das Gefühl, dass man einer Sonderkategorie angehört. Alle psychologischen, materiellen und soziologischen Gesetzmäßigkeiten sind aufgehoben. Das Paar lebt in einer eigenen Welt und deutet die Umgebung nach der eigenen Subjektivität und den eigenen Stimmungen. Die Realitäten der Welt dort draußen werden bei uns nicht eindringen: „Ganz sicher wird Hans nie ein Machtverhalten an den Tag legen, wie ich es bei anderen Männern sehe. Er ist anders!", lächelt eine junge Frau und blickt verliebt zu ihrem Freund, der sich den ganzen Nachmittag hat bedienen lassen. Von hässlichen Streitigkeiten wird man ebenso verschont sein wie von einer Trennung. Kein Paar verbindet sich mit der Absicht, sich bald wieder zu scheiden, und nur wenige machen sich die Mühe, ihre Ansprüche und Rechte vertraglich festzuhalten. Harmonie wird zelebriert. Man kann sich nicht vorstellen, dass man sich einmal nichts mehr zu sagen haben könnte oder sich gegenseitig ankeift.

Die romantische Phase einer Beziehung ist wunderbar. Verliebtheit und Euphorie lassen uns an die Schönheit des Lebens glauben. Während der romantischen Phase begegnen wir uns in der Tiefe der Seele. Unsere Fähigkeit, das Leben zu überhöhen, kommt zum Tragen. Vielleicht erfahren wir sogar, was den Menschen an sich ausmacht: die Fähigkeit zu seelischen Empfindungen und Fantasien. Während der romantischen Phase werden *Idealbilder* entworfen. Die Leichtigkeit des Seins macht es möglich, dem Leben einen Sinn zu geben. In der romantischen Phase werden Gefühle direkt mit dem Leben verbunden. Da die Realität und die Einzelheiten der *realen* Beziehung noch nicht bekannt sind, kann man unbeschwert Pläne entwerfen. Oft gibt die Romantik den Partnern neue, ungeahnte Energien, die es ermöglichen, soziale und persönliche Schranken zu überwinden. Träume und Fantasien bringen mehr Menschen zusammen als sexuelle Begierden oder materielle Bedürfnisse. Während der romantischen Phase werden Leitvorstellungen, Ziele und Projekte entworfen, die später wichtige Referenzpunkte bilden. Die romantischen Leitbilder sind oft auch eine Quelle für neue Impulse und enthalten einen psychologischen Wahrheitsgehalt, den man nicht vergessen sollte. Die gegenseitige Verzauberung ermöglicht es Männern und Frauen, zusammenzufinden.[69] Vielleicht müssen wir uns tatsächlich gegenseitig überschätzen, um eigene Ängste, Hemmungen, Bequemlichkeiten und soziale Barrieren zu überwinden.

Während der romantischen Phase leben wir in großer *Unbewusstheit*. Da wir uns direkt dem Leben hingeben und auf differenzierte, kritische Selbstbeurteilungen verzichten, lassen wir uns von unbewussten Themen leiten. Schattenmotive drohen Entscheidungen zu beeinflussen. Dabei handelt es sich um Beweggründe, die wir nicht in unsere bewusste Haltung integriert haben. Wir lehnen diese heimlichen Wünsche oder Eigenschaften ab, obwohl sie auch Teil unserer Persönlichkeit sind und zu den Kräften gehören, die uns antreiben.[70] Ein Lehrer wird bei seiner Berufswahl offiziell die Freude an der Auseinandersetzung mit Kindern und die Begeisterung am Unterrichten angeben. Vielleicht ist jedoch seine Berufswahl auch Ausdruck einer Angst vor dem Leben und einer Freude an der Macht. Solche Beweggründe kann er sich nicht eingestehen, ohne eine Motivationskrise zu riskieren. Auch der außerordentliche Energieschub während der romantischen Phase wird von Schattenmotiven gespeist. Eine Tochter aus gutbürgerlichem Hause verliebt sich stürmisch in einen mittellosen kolumbianischen Straßenmusiker. Obwohl sich beide nur schlecht verständigen können, sind sie von der gegenseitigen Liebe überzeugt. Vielleicht haben unbewusste Schattenmotive das Paar zusammengebracht. Die temperamentvolle Frau will sich von ihrem Milieu abgrenzen, und bei dem Musiker spielen materielle Motive und die Hoffnung auf sozialen Aufstieg eine Rolle. Paradoxerweise haben während der romantischen Phase die Schattenmotive ihren großen Auftritt. Wir fühlen uns unschuldig, doch eigentlich werden wir von nicht eingestandenen Absichten gesteuert: Ein vermögender älterer Arzt wird von einer jüngeren Frau aus seelischer Verbundenheit gewählt; eigentlich sucht sie jedoch einen Mann, der sie durch das Studium bringt. Ein vierzigjähriger Familienvater fühlt sich bei einer Arbeitskollegin zum ersten Mal richtig verstanden; doch vielleicht drückt er sich einfach vor der zunehmenden Verantwortung zu Hause. Eine Frau wählt sich einen Mann, weil sie von seinem Intellekt und Lebensstil begeistert ist, und merkt nicht, dass sie bei ihm mit einer familiären Alkoholproblematik konfrontiert wird.

Während der romantischen Phase werden typische männliche oder weibliche Verhaltensweisen selten als Problem empfunden.

Sie werden entweder nicht bemerkt oder überhöht und als wunderbare Bereicherung erlebt. „Ich finde es faszinierend, wie sich Roger stundenlang seinem Motorrad widmen kann", bemerkt eine Frau, und er ist gerührt, welches Interesse sie für seine Alltagserlebnisse aufbringt. Während der romantischen Phase ist Harmonie angesagt, die unterschiedlichen Denkweisen, Empfindungen und Verhaltensweisen werden ausgeblendet oder als faszinierend empfunden.

Nicht alle Partnerschaften erstehen aufgrund romantischer Gefühle. Oft sind andere, nüchternere Motive im Spiel, und das Paar ist sich auch der psychischen Unterschiede bewusst. Bekanntlich legen Männer bei der Partnerwahl größeres Gewicht auf das Äußere, während für Frauen wiederum materielle Faktoren einen höheren Stellenwert haben.[71] Die romantische Liebeswahl hat jedoch ein ungeheures Prestige. Wir leben ihr nach, auch wenn wir sonst eine rationale Einstellung zum Leben vertreten. Die romantische Liebeswahl ist das Motiv, das wir uns eingestehen und das die Rhetorik der ersten Begegnungen definiert. Wir sprechen von der Liebe und nicht von einem gebärfreudigen Becken, einem interessanten Bankkonto oder einem passenden Persönlichkeitsprofil. Bei der romantischen Partnerwahl handelt es sich um ein *archetypisches Muster*, das tief in unserem kollektiven Unbewussten verankert ist. Wir sehnen uns nach Erlösung von den Widersprüchen menschlichen Seins. Durch die große Liebe hoffen wir uns von existentiellen Dilemmata, der Mühsal des Daseins und der Ambivalenz unserer Gefühle zu befreien. Die Emotionen, die uns überfluten und unsere Kritikfähigkeit trüben, entstammen dem Urwunsch des Menschen nach Befreiung von der Kompliziertheit der eigenen Persönlichkeit und der Lebensumstände. Das Bild der romantischen Partnerwahl, des Glücks und der Harmonie ist derart stark, dass es kaum möglich ist, diese Wahl offiziell nach anderen Kriterien zu treffen. Beim ersten Rendezvous ein professionelles psychologisches Testverfahren vorzuschlagen; würde doch als ziemlich unpassend empfunden.

Das Interesse an der Vergangenheit des anderen

„Wie war das damals, als du dich zum ersten Mal verliebt hast?" In den ersten Monaten einer Beziehung bringen beide ein großes Interesse an der Vergangenheit des anderen auf. Beziehungsgeschichten sind von besonderem Interesse: der erste Freund, die erste Liebschaft, Dramen und Trennungen. Man wendet sich jedoch auch der Familie, den beruflichen Erfahrungen und Hobbys des Partners zu. Das Paar möchte den anderen in- und auswendig kennen lernen. Vor allem Frauen möchten „alles wissen". Es interessiert sie, was der Freund bisher erlebt, geleistet, verbrochen und wen er geliebt oder gehasst hat. Oft zeigen Frauen ein erstaunliches Interesse an männlichen Themen wie Sport, Computer oder Strategien in der Politik. Während der Balzphase hören auch Männer ihren Freundinnen oder Partnerinnen geduldig zu. Details aus der Vergangenheit oder dem aktuellen Leben werden registriert: In diesem Haus im Turbenthal hast du also als zehnjähriger Junge die Sommerferien verbracht? So hast du also als kleines Kind ausgesehen? So nähert man sich langsam dem Gegengeschlecht an. Man hören in den anderen hinein, versucht sie oder ihn in seiner oder ihrer Subjektivität zu erfahren.

Natürlich hören wir oft geschönte Versionen der Vergangenheit. „In der Grundschule war ich noch der brave Junge. Später in der Pubertät entwickelte ich mich zu einem richtigen Rebellen, ich kiffte, rauchte und schwänzte die Schule. Zu Hause gab es wüste Szenen ..." Dass es sich zum Teil um nachträglich konstruierte Geschichten handelt, spielt keine Rolle.[72] Weil man gnädig gestimmt ist, übernimmt man gerne die persönliche Mythologie des Freundes oder der Freundin. Man glaubt gerne, dass die Freundin in der Familie ein typisches „Sandwichkind" war oder der Freund in der Familie schon immer weniger Aufmerksamkeit bekam. Die angebotenen Geschichten und Interpretationen werden gerne übernommen.[73] Man hört sich Grusel- oder Abenteuergeschichten aus der Militär-, Studien- oder Reisezeit an. „Damals reiste ich alleine im Greyhound-Bus von New York nach Los Angeles, mit 200 Dollars musste ich auskommen und mich alleine durchschlagen!", vernimmt die beeindruckte Freundin. Was ihr Held unterschlägt, ist die Tatsache, dass seine Eltern und Verwandten ihn damals mit diversen Adressen von Bekannten versorgt hatten. Er war nicht auf sich allein gestellt, sondern ist von Adresse zu Adresse gereist und wurde von den Bekannten der Eltern verpflegt und konnte sogar bei ihnen übernachten. Gerne übernimmt man auch die geschönten, dramatisierten, angereicherten oder verkürzten Interpretationen des Berufs- oder Studienalltags: „Bei meinem Chef handelt es sich um einen psychisch angeschlagenen Egomanen: Jede Woche schreibt er mir lange E-Mails über alles, was ich falsch gemacht habe und noch erledigen sollte! Ich kann am besten damit umgehen, indem ich seine Ergüsse ignoriere!", beklagt sich eine junge Frau, und ihr Freund tröstet sie. Nicht zur Sprache kommt allerdings die Tatsache, dass die Frau wegen ihrer stark förderungswürdigen Arbeitshaltung dem ganzen Team große Sorgen bereitet. Die E-Mails sind der hilflose Versuch des Chefs, sie an ihre Pflichten zu erinnern. Interessanterweise werden Themen wie die Beziehung zum Geld, eigene beschämende Schwächen oder Misserfolge meistens ausgelassen.

Mit der Zeit entwickelt sich ein Bild des Partners. Er ist Schaffer, Rebell, Opfer, Held, Vaterfigur, Teddybär oder Künstler. Aufgrund des Bildes der Vergangenheit, der Deutung der aktuellen Herausforderungen und der gemeinsamen Ziele entwickelt sich ein Partnerbild, das sich als eine inneres Bild, eine *Imago,* verinnerlicht. Diese Vorstellung ist das Produkt der Wahrnehmung des geliebten Gegenübers, enthält jedoch auch Anteile der eigenen romantischen Projektionen und der Beziehungsgeschichte. Man sieht ihn oder sie als einen Menschen mit einer ganz bestimmten Geschichte und einem ganz eigenen Persönlichkeitsprofil. Die Imago entwickelt sich zu einem *Standard.* Wenn wir uns mit dem Partner beschäftigen, dann dient uns die Imago als inneres Leitbild: „Meine Frau ist sehr intelligent und belesen! Sie war eindeutig die Intellektuelle und Künstlerin in ihrer Familie!", berichtet ein Mann stolz über seine Partnerin. Dass sie schon immer rasch an ihre intellektuellen Grenzen stieß, übersieht er. Großzügig übernimmt er ihre Darstellung der Vergangenheit und ihrer eigenen Persönlichkeit. Für ihn ist sie die Künstlerin.

Verborgene Eigenschaften des Partners

„Meine Frau kenne ich in- und auswendig, sie ist ein liebes, braves Mädchen, schüchtern und ängstlich. Sie eine Affäre? Mach dich nicht lächerlich!", beteuert ein Mann selbstsicher in einer Kollegenrunde. Er muss es wissen, denn er lebt ja seit mehr als zehn Jahren mit ihr zusammen. Die stürmische, leidenschaftliche Liebesaffäre mit einem Italiener, den seine Partnerin bei einer Fachausstellung für Handtrockner kennen gelernt hatte, ist ihm offensichtlich entgangen. Mehr als einmal, als er auf Geschäftsreisen war, ist das schüchterne Mädchen in ihren Wagen gestiegen, um über Nacht durch den Gotthardtunnel in ein kleines Städtchen in der Poebene zu rasen. Sie wollte unbedingt einen Tag mit ihrem Flirt verbringen und Italien genießen. Die wilde Fahrt widerspricht seinem Bild der ängstlichen Frau. Offensichtlich sollte ihr Mann seine Imago überarbeiten. Obwohl wir „nach all den Jahren" überzeugt sind, den Partner zu kennen, sind wir vor Überraschungen nicht gefeit. Man lernt sich im Laufe einer Beziehung nicht unbedingt *besser* kennen, sondern wir integrieren sozusagen die Psychologie des Partners oder der Partnerin. Die Welt wird aus den Augen des anderen wahrgenommen und man wird mit den Ängsten, Hoffnungen, Komplexen und Fantasien konfrontiert, die in der Beziehung zugelassen werden. Wenn wir empathisch sind, dann übernehmen wir die subjektive Weltsicht des anderen und versenken uns in seine Bilder und Gefühle. Widerstände, Abwehren, Verzerrungen werden ebenso übernommen wie Träume, Hoffnungen und Fantasien. Paare produzieren mit der Zeit eine eigene Wirklichkeit, die sich wie ein Kokon um die Beziehung schließt. Diese unsichtbare Hülle schützt das Paar vor unliebsamen Erkenntnissen oder nicht zugelassenen Eigenschaften, und man fühlt sich verstanden. „Dein Ex-Mann war wirklich ein absoluter Egoist und Dickkopf!“, stimmt der neue Partner seiner Partnerin lebhaft zu.

Die große Gefahr ist, dass man aneinander vorbeiredet. Die Einfühlung in das Gegenüber führt nicht zu vertieften psychologischen Erkenntnissen, sondern heikle Themen werden ausgeblendet. Mit der Einstimmung auf den Partner oder der Partnerin kommt es zu einer partiellen *Wirklichkeitsverschiebung*. Es entstehen unbewusste Vereinbarungen über die Themen, die gemieden werden müssen. *Tabus* etablieren sich. Über den psychotischen Bruder, eigenes Erziehungsversagen, die Neigung zum Alkoholismus oder eine hochstaplerische Seite wird ebenso wenig geredet wie über den eigenen Jähzorn oder Geiz. Paare neigen dazu, sich eine eigene Welt einzurichten, in die man entschwindet und in der beide sich ihre Überzeugungen und Haltungen immer wieder gegenseitig bestätigen. So wird man sich der eigenen psychologischen oder ideologischen Beschränkungen nicht bewusst und fühlt sich sicher. Eigentlich hat man sich jedoch *eingekerkert*. Niemand wagt die Tabus aufzubrechen. Das Paar möchte sich vor unangenehmen psychologischen Erkenntnissen schützen. Gemeinsam hält man an Tabus fest, um die Komplexität des Daseins und der eigenen Persönlichkeit zu reduzieren. Langsam bilden jedoch sich dunkle Ecken und verbotene Zonen.

Anlässe zu Konflikten

„Wer hat den Vierkantschlüssel nicht mehr in den Werkzeugkasten zurückgelegt?“, regt sich der Mann auf. „Schrei doch nicht so herum! Musst du unbedingt alle wecken?“, bekommt er zur Antwort. „Bin ich hier eigentlich der Idiot?“, reagiert er, und prompt ist der Streit da.

Streitigkeiten können sich durch ganz verschiedene Anlässe entzünden. Oft sind es die kleinen Widrigkeiten des Alltags: eine übervolle Geschirrspülmaschine, eine vertauschte Zahnbürste, ein offenes Marmeladenglas oder ein nicht ausgerichteter Telefonanruf. Man schreit sich gegenseitig an, ohne dass man realisiert, worum es eigentlich geht. Schon viele Paar sind sich in die Haare geraten, weil Rasierschaum fehlte, der Aschenbecher voll war oder der Wasserhahn lief. Kommt es wegen solcher Dinge zu einem Streit, dann handelt es sich meistens um *Symptomhandlungen*. Unbewusst wurde ein Anlass gesucht, über den ein Streit abgewickelt werden kann. Der *Anlass* des Streits sollte in solchen Situationen nicht mit dem *Grund* verwechselt werden. Das Streitthema steht zwar subjektiv absolut im Vordergrund, bei genauerer Betrachtung oder im Nachhinein stellt sich jedoch oft heraus, dass es ganz irrelevant war. Man hat ein Thema gesucht, mit dessen Hilfe man einen Streit vom Zaun brechen konnte. „Wieso liegen die Schuhe vor der Haustüre?", zischt ein Mann, als er die Türe zur Wohnung öffnet. Die Frau hört diesen Satz, empfindet ihn als einen Affront, und schon ist ein Streit entfacht. „Hör auf mir dreinzureden!" – „Ich habe doch gar nichts gesagt!" – „Doch, ich weiß genau, dass du mich eigentlich unterbrechen wolltest!" Das Streitthema ist solchen Fällen nicht der Grund des Streits, sondern einfach Ausdruck einer Differenz. Das Paar oder jedenfalls einer von beiden möchte wieder einmal Spannung erleben, und dann sucht man sich ein Thema, über das man streiten kann: „Ich merke oft, dass ich bei meinem Partner richtig den Streit suche. Ich fühle mich dann völlig aufgekratzt und weiß, jetzt muss ich ihn ärgern. Es braucht dann nur eine kleine falsche Handlung oder ein falsches Wort, und ich kann endlich losschlagen."

Wenn solche Spannungen bei einem Paar vorhanden sind, dann braucht es nicht viel, bis sie in einen Konflikt ausarten. Es werden Anlässe gesucht, damit die Kontroverse sich voll entladen kann. Der Konflikt sucht sich eine Arena, damit er sich darstellen kann. Wenn ein Paar zusammenlebt, dann werden häusliche Angelegenheiten gewählt. Für Frauen sind die Erziehung der Kinder und alltägliche Widrigkeiten typische Konfliktthemen.

Männer handeln ihr Konfliktbedürfnis eher über berufliche Fragen ab.

Streit als Überlastungssymptom

Allerdings sollte nicht jeder Streit und nicht jede Auseinandersetzung nur als Ausdruck der Paarbeziehung verstanden werden. Streitigkeiten sind oft auch Zeichen einer Überlastung und Überforderung. Das Paar wird mit einer existentiellen Herausforderung konfrontiert, der sich nicht gewachsen ist. Die Beziehung würde wunderbar klappen, wenn es nicht dieses Problem oder diese Sorge gäbe. Nicht eine Beziehungsthematik steht dann im Vordergrund, sondern die Frage, wie das Paar mit einer bestimmten existentiellen Herausforderungen umgeht. Die Paaridylle wird zerstört, weil sich für eine gemeinsame Aufgabe keine Lösung finden lässt oder weil schwierige Lebensumstände, private oder berufliche Herausforderungen das Paar oder einen der Partner belasten. Solche Streitthemen erfordern dann keine psychologischen Tiefenanalysen, sondern es müssen Mittel und Wege gefunden werden, mit der Situation zurechtzukommen.

Ein großer Stressor ist die Verantwortung, die die *Elternschaft* mit sich bringt. Auch wenn man sich ungeheuer über das eigene Kind freut, bedeutet es einen tiefen Einschnitt für die Paarbeziehung. Viele Paare wünschen sich sehnlich ein Kind und malen sich aus, welches Glück es ihnen bringen wird. Sie sehen den Sohn oder die Tochter als Symbol der eigenen Liebe und des Glaubens an die Zukunft. Durch die Elternschaft verliert die Paarbeziehung jedoch die Leichtigkeit der Verliebtheit oder eines mehr oder weniger sorglosen Lebens. Das Leben dreht sich jetzt weniger um Ferien, Freizeit und das Einrichten der Wohnung, sondern es geht nun um Pampers, Ruhebedürfnisse und persönliche Freiräume. „Wann, wann habe ich endlich wieder eine Stunde Zeit für *mich*?", beklagt sich junge eine Mutter. Die Realität des Daseins als Vater oder Mutter ist oft hart. Die frühere Ungebundenheit geht verloren, man muss sich einbinden lassen und wegen der Erziehung und Betreuung des Kindes Verzicht üben. Der Übergang von der freien Partnerschaft, wo jeder für sich selber planen konnte, zu einer Elternschaft mit gemeinsamen Verpflichtungen ist ein *objektiver Stressor*. Leicht kann es geschehen, dass man sich als Opfer fühlt: Wieso kann er wieder bei einem Bier mit den Kollegen herumsitzen, während ich hier zu Hause diesen ganzen Haushaltskram erledigen muss? Plötzlich rechnet einem die Partnerin vor, wie viel Zeit man „zu Hause" verbringt. Viele Männer fühlen sich zurückgesetzt, und Frauen, die sich um die Kinder kümmern, haben das Gefühl, nicht anderes mehr zu sein als eine Mutti. Sie müssen eine Rolle übernehmen, für die sie eigentlich nie votiert hatten. Und wenn das Kind regelmäßig die Nachtruhe stört und jede zweite Nacht im Ehebett verbringt, dann hat das natürlich Auswirkungen auf das Liebesleben.

Ein weiterer Stressor sind *finanzielle Sorgen*. Das Leben kostet, das Essen, die Wohnung, das Auto, die Ferien, die Freizeitaktivitäten, die Versicherungen müssen bezahlt werden. Leider müssen wir uns bei den Ausgaben meist gewissen Beschränkungen unterwerfen und können uns nicht nur nach unseren Bedürfnissen und Wünschen richten. Sobald eine Beziehung ernster wird und die romantische Phase, in der das gegenseitige Beschenken im Vordergrund steht, vorbei ist, muss sich das Paar Gedanken über eine gemeinsame finanzielle Strategie machen. Sind genügend Mittel vorhanden und neigt keiner der Partner zu übermäßigem Geiz, dann spielt Geld natürlich keine große Rolle. Muss man jedoch rechnen, dann wird die Geldfrage auch zu einem Beziehungsthema.

Unsere Einstellung zu Geld ist meistens irrational. Wir lassen uns von Wünschen und Projektionen leiten. Oft geben wir das Geld nicht dort aus, wo es am effektivsten gebraucht wird, sondern werden von Ängsten und Fantasien beeinflusst: Während wir uns heftig über den Preis eines Weihnachtessen im Betrieb ärgern, geben wir ohne mit der Wimper zu zucken den vierfachen

Betrag für ein neues Autoradio oder eine sechstägige Ferienreise in die Steiermark aus. Ein Mann beschenkt seine Sekretärin mit einem Weihnachtsgeschenk für tausend Euro, während er zu Hause über den Preis der neuen Kaffeemaschine lamentiert. Mit unseren Ausgaben decken wir nicht nur die existentiellen Bedürfnisse des Alltags ab, sondern wir erweisen auch unseren persönlichen Göttern Referenz. Ist uns Mobilität wichtig, dann geben wir ohne weiteres Geld für ein neues Auto oder ein Generalabonnement aus. Sind wir vor allem um unsere Gesundheit besorgt, dann kann uns keine Krankenversicherung zu teuer sein. Steht Bildung im Zentrum, dann bezahlen wir jede Privatschule. Das Ausgabeverhalten reflektiert unsere persönlichen Werte. Wenn sich ein Paar also darüber streitet, dass ein bestimmtes Restaurant zu teuer ist oder der neue CD-Player für den Sohn doch ein bisschen zu viel gekostet hat, dann wird auch eine Wertedebatte geführt. Die Pflege der Beziehung steht der Frage des Umgangs mit den Kindern gegenüber.

In vielen Partnerschaften geben beide Partner mit dem Beginn der Beziehung ihre finanzielle Autonomie auf. Im Gegensatz zu den Zeiten, als die Männer den Frauen das Haushaltsgeld zuteilten, sind es heute oft die Frauen, die über die Finanzen entscheiden und im Extremfall den Mann kontrollieren. Der Mann sorgt für die Einnahmen. Unsere Einstellung zum Geld ist uns selber nicht bewusst. Erst durch die Beziehung und das gemeinschaftliche Leben merken wir, wie wir *wirklich* mit dem Geld umgehen.

Die Qualität eines Streits

„Auf welchen Gleis kommt der Zug in München an?“, fragt eine Frau ihren Mann bei der Einfahrt des Intercitys in den Münchener Hauptbahnhof.“ Er weiß keine Antwort. Du hast tatsachlich den Fahrplan studiert, ohne dir das Gleis zu merken!“, faucht sie und wendet den Blick empört ab, während er verlegen ein paar entschuldigende Worte murmelt.

Vernünftige Menschen sind fähig, Meinungsverschiedenheiten im Dialog zu bereinigen. Man braucht sich nicht gegenseitig anzuschreien, sondern kann Konflikte zivilisiert und in gegenseitigen Respekt austragen. Die Mehrzahl der Menschen orientiert sich an solchen positiven Grundsätzen. Wir möchten uns nicht anschreien, sondern uns gegenseitig zuhören und aufeinander zugehen. Wir möchten allfällige Dissonanzen eigentlich im Dialog regeln. Oft gelingt es uns sogar tatsächlich, Kompromisse zu schließen und Differenzen produktiv anzugehen.

Das Problem ist jedoch, dass wir meistens in einen konflikthaften Zustand hineinrutschen, ohne es rechtzeitig zu merken. Konflikte entstehen trotz guter Absichten und wohl überlegter Vorsätze. Wenn wir in einen Konflikt geraten, dann verlieren wir unsere Besonnenheit, und unsere Befindlichkeit verändert sich. Andere Persönlichkeitseigenschaften als sonst kommen zu Vorschein, unsere Wahrnehmung und unsere Reaktionsmuster wandeln sich. Die Werte, Leitbilder und Richtlinien, die vorher gültig waren, verlieren ihre Kraft.

„Wieso muss er jetzt diese Fäserchen von der Jacke zupfen!", denkt sie sich und blickt ihren Partner wütend an. „Er macht dies extra, weil er mich provozieren will!" Sie wollte von ihm wissen, wieso er fast jeden Abend weg war. Zu ihrem Ärger bleibt er ruhig und setzt zu langen Erklärungen über Stress im Geschäft und mit Kollegen an. Während er spricht, widmet er sich seiner Jacke. Sie kann sich nicht auf seine Worte konzentrieren, sondern verfolgt fassungslos die spontane Putzaktion ihres Partners.

Wenn wir in einen Konflikt geraten, dann beginnen wir uns auf *Details* zu fixieren. Wir nehmen die andere Person nicht mehr in ihrer Breite wahr, sondern nur noch einzelne Punkte. Es kann sich beispielsweise um eine bestimmte Körperbewegung oder Eigenschaft handeln. Eine Frau regt sich enorm über das leere Schlucken ihres Partners auf. „Jetzt macht er es wieder!", ärgert sie sich jedes Mal. Ein Mann ist irritiert, weil seine Frau bei Wortgefechten immer zu kleinen Aufräumaktionen ansetzt. Immer wenn er ein delikates Problem anschneidet, dann muss irgendetwas dringend geputzt oder weggeräumt werden. „Hör endlich auf damit!“, könnte er sie anschreien. Die Details, über die man sich ärgert, können auch Redearten oder Verhaltensmuster sein. „Jetzt muss er schon wieder an seinen Computer sitzen und seine Mails abfragen!“, empört sie sich. Wenn sie nur seinen Rücken sieht, regt sie schon sich auf. Eine andere Frau ärgerte sich maßlos über die komplizierte, pseudo-originelle Ausdruckweise ihres Mannes. „So habe ich mich jedoch nicht ausgedrückt: Ich verwendete das Wort „Inkommensurabilität“ und nicht „Inkompatibilität“!“, belehrt er sie, und sie könnte ihn aus dem Fenster werfen oder auf den Mond schießen.

Eine konflikthafte Situation droht unseren akustischen wie auch visuellen Wahrnehmungshorizont enorm einzuschränken. Wir werden zu Gefangenen von Einzelheiten. Diese prägen unsere Stimmungen und unser Verhalten und führen dazu, dass wir nicht weiterdenken oder nach alternativen Lösungen suchen. „Musst du wieder den Wasserhahn offen lassen!“, giftet eine Frau ihren Partner an. Sie regt sich nicht nur wegen der höheren Wasserrechnung auf, sondern empfindet seine Handlung als persönliche Geringschätzung. Ein Komplex wird aktiviert.

Wenn die Emotionen regieren

„Ich bin ja ganz ruhig!“, schreit eine Frau ihren Mann an und schmettert gleichzeitig einen Teller auf dem Boden. Konflikte verändern nicht nur unsere Wahrnehmung, sondern sie *emotionalisieren* uns. Im Gegensatz zu den Gefühlen empfinden wir bei Emotionen zusätzliche auch noch starke körperliche Reaktionen und Sensationen. Wir spüren unseren Körper unmittelbar, das Herz klopft spürbar, unsere Stimme verändert sich, wir beginnen zu schwitzen und die Muskelspannung nimmt zu. Wir fühlen uns hellwach und voller Energie. Die Emotionen erleben wir als etwas, das uns beherrscht und das wir kaum beeinflussen können.

Emotionen müssen nicht negativ sein. In nicht konflikthaften Situationen erleben wir die Emotionalisierung oft als Bereicherung. Wir können unsere Gefühle ausdrücken, öffnen uns und erleben den Moment intensiver. Das wunderbare Konzert, das uns bewegt und in Hochstimmung bringt, der fantastische gesellschaftliche Abend, der uns noch lange nachgehen wird, oder die Ferien, an die wir uns noch lange erinnern werden. Bei Konflikten werden wir leider meistens nicht mit positiven, sondern mit negativen Emotionen konfrontiert. Plötzlich hassen wir die Partnerin oder erleben den Partner als Ultra-Macho. Wenn die Emotionen die Herrschaft übernehmen, verwandelt sich die Qualität der Beziehung. Wir sehen sie oder ihn nicht mehr so wie früher. Emotionalisierung führt zu unüberlegten Handlungen. Wir werfen mit Gegenständen um uns, knallen Türen zu oder werden gemein. Wenn die Emotionen herrschen, dann schalten sich andere Denkfunktionen aus. Gefühle manifestieren sich roh und unverarbeitet: „Du bist ein Diebin!“, schreit der sonst besonnene und gesittete Mann seine Frau an, weil sie seinen Laptop in ihrem Büro vergessen hat. Später tut es ihm dann aufrichtig leid, doch in Konfliktsituationen kann er meistens nicht anders.

Beschränkter Horizont

Die Fixierung auf Details, die Wahrnehmungsverengung und die Emotionalisierung führen dazu, dass wir nur noch *eine* Lösung im Kopf haben. Wir verlieren die Fähigkeit, verschiedene Optionen zu erwägen; nur noch unsere Lösung zählt. Eine besonnene Reflexion ist nicht mehr möglich.

„Du musst jetzt einfach lernen, mir gegenüber transparenter zu sein! Wenn du nicht lernst, deine Gedanken auszudrücken, dann geht es nicht!“, fordert eine Frau vehement. Aus ihrer Sicht ist die Verschlossenheit ihres Mannes der Grund, dass es immer wieder zu Konflikten kommt. Wenn er sich ändern würde, dann würden sich die Wogen glätten, und der Konflikt wäre rasch aus der Welt. Sie ist der Ansicht, dass die Lösung eigentlich auf der Hand liegt.

Eine solche Haltung ist typisch für die Konfliktsituation. Mit Mitmenschen zu streiten ist unangenehm und zermürbend. Es wäre wunderschön, wenn sich Probleme von alleine lösen würden. Wieder einmal ein friedliches, gemütliches Abendessen wäre wunderbar, denken wir. Wir möchten den Konflikt nicht eskalieren lassen, sondern durch eine Lösung aus der Welt schaffen. Aus unserer Sicht wäre nur eine kleine Änderung im Verhalten des anderen, ein kleines Geschenk oder eine leichte Veränderung der Umstände notwendig. Wir haben das Gefühl, dass sich das Problem durch eine kleine Konzession des Gegenübers aus der Welt schaffen lässt. Weil uns Konflikte unangenehm sind, bevorzugen wir *rasche Lösungen*. In dieser Phase neigen wir zu vereinfachten Lösungen, weil wir uns nach einem Anker sehnen, der uns aus einer unangenehmen Situation befreit. Wir erhoffen uns eine Rettung und möchten erlöst werden. Die Fixierung auf Details, die Wahrnehmungsverengung und die Emotionalisierung führen dazu, dass wir komplexere Zusammenhänge oder alternative Wege nicht erkennen. Oft sind wir versessen auf eine bestimmte Antwort. Bildlich gesprochen befinden wir uns in einem Tunnel, aus dem nur ein Ausweg hinausführt. Die Gefahr ist, dass sich das Paar dann gegenseitig blockiert: „Ich möchte von dir, dass du mit diesen Reitausflügen am Wochenende aufhörst und wir fortan etwas zusammen unternehmen!", fordert eine Frau von ihrem Freund. Dieser ist jedoch über diese Forderung total verärgert. Er ist überzeugt, dass er so seinen letzten Freiraum verlieren und depressiv werden würde.

Die meisten Streitigkeiten zwischen Männer und Frauen sind nicht von einer Sekunde auf die andere da, sondern durchlaufen verschiedene Stadien. Zur Wahrnehmungsverengung kommt es sukzessive: Spricht er wieder nur über das Geschäft, oder fragt er mich auch mal etwas? Wir wollen den Streit nicht, sondern schliddern langsam in ihn hinein. Es kann jedoch nicht darum gehen, Konflikte überhaupt zu verhindern. Zu jeder Paarbeziehung gehören heikle Themen und Auseinandersetzungen. Sie sind ein Ritual, um Beziehungsschmutz loszuwerden. Durch einen Streit entledigen wir uns unangenehmer Gefühle, bringen schwierige Themen auf das Tapet oder können uns einfach wieder mal aufregen. Mit gegenseitigem Respekt und einer gewissen Reife können solche Themen zivilisiert abgehandelt werden. Der Streit muss nicht eskalieren. Das Paar kennt die neuralgischen Stellen und setzt sich mit ihnen auseinander, ohne sich gleich in die Haare zu geraten. Viele Paare arrangieren sich und konzentrieren sich auf die positiven Aspekte der Beziehung. Liebe bedeutet, dem anderen seine Schwächen zu verzeihen und anzunehmen, dass man selber auch nicht der perfekteste Mensch auf Erden ist.

Vorzeichen eines Konflikts

Ein knapp dreißigjähriger Physikstudent steht am Morgen unter der Dusche. Er hat bei seiner Freundin übernachtet, nachdem sie in der Splendid Bar und anschließend bei ihr einen fantastischen Abend verbracht hatten. In zehn Minuten muss er außer Haus sein, da er eine testatpflichtige Vorlesung besuchen muss. In der Küche hört er Geräusche. Ein Kaffee wäre jetzt wunderbar, denkt er. Aber zu seiner Enttäuschung schrubbt seine Freundin, statt Kaffee zu kochen, die Geschirrspülmaschine sauber. Leicht irritiert verlässt der junge Mann nach dem obligaten Abschiedskuss die Wohnung. Muss eine Geschirrspülmaschine unbedingt blitzblank sein?

Vielfach kündigen sich Differenzen in solchen kleinen Vorfällen an. Scheinbar unbedeutende Handlungen oder flüchtige Beobachtungen bekommen immer mehr Gewicht. Reaktionen, Worte oder Verhaltensweisen des Partners oder der Partnerin gehen einem nicht mehr aus dem Kopf. Man wird mit Persönlichkeitseigenschaften konfrontiert, die nicht ins Konzept der Beziehung passen. Meistens werden die Divergenzen relativiert. Man orientiert sich immer noch an dem Bild, das während der romantischen Phase entworfen wurde, und möchte nicht, dass diese vorbei ist. Wie lästige Fliegen drängen sich jedoch andere Beobachtungen auf. „Muss er immer mit ‚ja, aber' antworten und mir dadurch beweisen, dass ich nichts weiß!" – „Wieso holt er während der Kinopause nur für sich ein Eis?" Kleine Vorfälle beginnen zu irritieren. Ein kleiner Dämon hat sich eingeschlichen. Langsam verlässt man das harmonische Szenarium und gleitet in einen Konflikt hinein.

Ist die Saat des Zweifels einmal gesät, dann ist es oft schwierig, solche Gedanken oder Gefühle loszuwerden. Die Beobachtungen verselbständigen sich. Was man erlebt hat, lässt einen nicht mehr los. „Muss er mich denn immer zwei- oder dreimal fragen, was ich gestern Abend gemacht habe?" – „Wieso beklagt sie sich bei ihren Eltern über meine Freunde?" Ein Konflikt schleicht sich an, ohne dass sich das Paar dessen bewusst ist. Die meisten Paare haben das Gefühl, in ein fremdes Szenario zu geraten. Sie möchten kein Drama. Und doch bahnt sich fast unweigerlich ein Zwist an.

Da wir uns an einem harmonischen, romantischen Beziehungsbild orientieren, stellen wir unsere Beobachtungen zurück. Man möchte es gut haben und der persönlichen Standardvorstellung genügen. Man hat doch eine „irrsinnig gute Beziehung", und eigentlich ist doch alles in Ordnung;. Über die kleinen Vorzeichen wird diskret hinweggesehen. Es ist doch egal, wenn sie am Morgen ihren Putztrieb ausleben will, ich nehme mir meinen Kaffee in der Mensa! Aber langsam verliert das Paar die Leichtigkeit des Seins und wird mit neuen Herausforderungen konfrontiert.

Ein heikles Ereignis ist der Einzug in eine gemeinsame Wohnung. Es kommt zu versteckten Machtkämpfen. In der Gestaltung der Wohnung, der Aufteilung der Räume und der Wahl der Dekoration drücken sich persönliche Ambitionen und Fantasien aus. „Dieses Schlachtbild hängst du bitte nicht in unserem Wohnzimmer auf!", bittet eine Frau, und ihr Mann sieht es sofort ein. Eigentlich hat ihm jedoch dieser unmögliche Stich von der Schlacht bei Sempach gefallen. Oft gelingt es einem Partner, seine Wünsche einseitig durchzusetzen. Viele Männer gestalten die Wohnung nach den Vorstellungen der Partnerin. Sie verzichten auf den eigenen Einfluss mit der Begründung, die Einrichtung sei sowieso egal und der Freundin sei die Wohnungseinrichtung wichtiger. Die Gefahr dieser Haltung ist, dass die eigenen Bedürfnisse verdrängt werden. Nicht realisiert wird, dass man sowohl als Mann wie als Frau um seinen Platz kämpfen sollte und jeder Raum auch eine *symbolische* Bedeutung haben kann. Wir bringen uns bei der Wohnungseinrichtung automatisch als Person ein. In der Wahl der Möbel und der Gestaltung der Räume spiegeln sich unsere Bedürfnisse, Fantasien und persönlichen Eigenschaften wider. Jeder Mensch braucht auch einen eigenen Bereich,und es ist psychologisch signifikant, wer sich wo durchsetzt. Wer die Wände regiert, bestimmt, worüber in der Beziehung *fantasiert* werden darf! Werden Bilder aus fernen Gegenden aufgehängt, dann haben Erlebnisse in neutralen, fremden Gebieten einen hohen Stellenwert. Dominieren Stiche und traditionelle Bilder, dann wird soziale Akzeptanz angestrebt. Werden die Wände durch Sammlungen belegt, dann ist die Imagination dem männlichen Geist überlassen. In der Regel kommt es nur Männern in den Sinn, im Wohnzimmer eine Sammlung afrikanischer Masken aufzuhängen, Modelle britischer Kriegsschiffe in einer speziellen Vitrine zu zeigen oder den Gang mit alten Neujahrsblättern zu dekorieren. Wer über das Schlafzimmer herrscht, definiert die Regeln des Intimlebens, und die Küchengestaltung drückt den Umgang mit unbewussten Prozessen und Beziehungen aus. Wenn sich eine Person bei der Gestaltung des Wohnbereiches nicht durchsetzen kann, dann kann es problematisch werden. Männer weichen dann oft in die Garage, den Garten oder auf den Dachboden aus. Sie bringen sich dadurch nicht im Kernbereich der Beziehung ein, sondern weichen auf Außenräume aus. Auch dadurch kann sich ein Konflikt andeuten.

Es sind nicht unterschiedliche Standpunkte, Lebensstile oder Persönlichkeiten, die Konflikte verursachen, sondern es ist die Tatsache, dass sie zum *Problem gemacht* werden. Menschen unterscheiden sich. Jeder entwickelt aufgrund seines Charakters, seiner Erziehung und seines Milieus ein *Persönlichkeitsprofil*. Gespräche würden langweilig und Beziehungen fad, wenn es nicht verschiedene Auffassungen und Lebenseinstellungen gäbe. Unterschiede zwischen den Menschen bereichern das Leben. Wir lauschen gespannt den Worten eines Bekannten, mit denen er begründet, wieso Schneestürme beim Langlaufen das Naturerleben vertiefen, oder sind beeindruckt, weil ein Bekannter fast alle Lieder der Rockgruppe Kinks kennt. In Partnerbeziehungen sind es meistens *besondere* Persönlichkeitseigenschaften und Verhaltensweisen, die das Gegenüber attraktiv machen. Wir sind eingenommen von den schönen Augen eines Mannes, beeindruckt von der Intelligenz einer Frau oder werden durch eine bestimmte Berührung des Partners in Bann geschlagen. Wir erleben die Präsenz des geliebten anderen als Gewinn. Dessen Andersartigkeit wird jedoch als Problem empfunden, wenn sie eigenen Interessen oder Plänen zuwiderläuft oder in ihrer Fremdartigkeit schockiert. Die Faszination weicht Ratlosigkeit oder Erschrecken. Bei der konkreten gemeinsamen Lebensgestaltung wird ein Paar mit irritierenden Unterschiedlichkeiten konfrontiert. „Wie um Himmels willen konnte mein Mann diesem kultivierten Redakteur ins Gesicht sagen, seine Tageszeitung sei ‚Scheiße‘?“ Sie konnte eine solche Spontaneität unmöglich akzeptieren. Für den anderen befremdliche Persönlichkeitseigenschaften kommen erst mit der Zeit durch entsprechende Erfahrungen ans Licht. Meistens wollen wir jedoch nicht, dass deswegen ein handfester Streit entsteht. Wir sind überzeugt, eventuell auftretende Meinungsverschiedenheiten im Dialog bereinigen zu können, oder tabuisieren das Thema. Streit steht nicht auf der Tagesordnung. Um diese Reaktion zu verstehen, müssen wir uns der Bedeutung des *Selbstbildes* zuwenden.

Das Selbstbild als Schutz

„Ich bin mir bewusst, dass ich auch Schattenseiten habe. Eine Eigenschaft, die mich zum Beispiel immer wieder stört, ist mein Wunsch, es anderen immer recht machen zu wollen!", gestand eine Frau bei einem psychologischen Workshop. Die Teilnehmer des Workshops waren aufgefordert, über ihre problematischen Eigenschaften nachzudenken. Die Teilnehmerin hat keinen Witz gemacht, sondern sich ehrlich und ernsthaft die Frage nach dem eigenen Schatten beantworten wollen. Spricht sie jedoch wirklich von einer problematischen Eigenschaft?

Der Weg zur Selbsterkenntnis ist dornenreich und voller Fallen. Meistens versuchen wir ein Leben lang, eine realistische Vorstellung von unseren persönlichen Eigenschaften und Fähigkeiten zu bekommen. Wir unterziehen uns Psychoanalysen, konsultieren vielleicht sogar die Sterne, lassen uns beraten oder testen und studieren die Vergangenheit. Wir konstruieren ein *Selbstbild*. Dieses besteht aus Eigenschaften, Verhaltensweisen, Stärken und Schwächen, die wir als typisch betrachten. Es entsteht aus den Rückmeldungen unserer Mitmenschen und aus unseren Erfahrungen mit Erfolgen und Misserfolgen und wird zu einem wichtigen Bestandteil unserer Gesamtpersönlichkeit. Das Selbstbild beeinflusst unsere Entscheidungen, die persönliche Lebensgestaltung, das Auftreten und natürlich auch unsere Beziehungen.

„Ich glaube, meine Haupteigenschaft ist meine Fähigkeit im Umgang mit Menschen! Ich verstehe sie zu motivieren und mit ihnen zu sprechen. Meine Schwäche: Organisieren!", behauptet ein älterer Geschäftsmann über sich. Eine vierzigjährige Frau meint über sich: „Ich bin eine Person, die den Ausgleich, die Harmonie sucht. Ich versuchte schon immer zu vermitteln! Spannungen sind mir zuwider. Meine Schwäche ist, dass ich zu wenig auf meine persönlichen Ressourcen achte." Und wieder eine andere Frau ist überzeugt, sie sei sehr schüchtern und könne sich nirgends durchsetzen.

Das Problem solcher Selbstbilder ist, dass sie meistens *nicht ganz stimmen*. Die Eigenschaften, die wir uns selbst zuschreiben, decken sich oft nicht mit denen, die andere Menschen bei uns sehen. Es handelt sich um Konstrukte, die einer Überprüfung nicht standhalten. Der ältere Geschäftsmann versteht es nach dem Eindruck seiner Mitmenschen sehr gut, zu organisieren, mit seinen Mitmenschen kann er jedoch außerordentlich schlecht umgehen. Die vierzigjährige Frau ist bekannt für ihr Lästermaul, und die angeblich schüchterne Frau kann bestens auf einer Bühne stehen und eine ganze Gesellschaft unterhalten. Das Profil, das wir von uns entwickeln, stimmt selten mit dem tatsächlichen Verhalten überein.

Es gibt verschiedene Gründe für dieses Auseinanderklaffen. Das Selbstbild ist nicht nur das Resultat persönlicher Lebenserfahrungen und Reflexionen, sondern auch Ausdruck des *Zeitgeistes*. Die positiven und negativen Eigenschaften, die wir uns zuschreiben, werden von den *Werten* und *Trends* unserer Bezugsgruppen beeinflusst. Wir sehen uns, wie man sich sehen sollte. Unbewusst orientieren wir uns an den Mythen, die in der eigenen Kultur im Hinblick auf die Persönlichkeit vorherrschen.[74] Als Frau gibt man sich heute als stark, unabhängig und berufsorientiert; Selbstverwirklichung ist wichtig und Anpassung out. Eigenschaften wie Abhängigkeit, die Fähigkeit zu dienen oder Meinungsunsicherheit will man sich nicht eingestehen. Vor fünfzig Jahren definierten sich Frauen noch eher als kinderliebend und über Beziehungen. Männer beteuern heute gerne, dass sie selbstverständlich auch häuslich veranlagt, offen, tolerant und an persönlichen Gesprächen interessiert sind. Als der Existentialismus in

Mode war, präsentierten sich Hunderte von jungen Männern als grüblerische, introvertierte Intellektuelle, die 68er-Zeit verwandelte brave Spießbürger in wilde Rebellen, und heute begegnen wir überall coolen Typen. Der Zeitgeist schreibt uns vor, wie wir sein sollten, und da wir nicht ausgeschlossen sein wollen, integrieren wir diese Eigenschaften in unsere Vorstellungen über uns selbst.

Das Selbstbild stimmt selten mit der Realität unseres Charakters überein, weil es eine *psycho-emotionale Aufgabe* zu erfüllen hat. Es gewährleistet die Stabilität der Persönlichkeit. Wir entwickeln das Selbstbild primär für uns selbst. Vorstellungen über uns selber sollen uns ermöglichen, uns zu ertragen. In das Selbstbild werden darum nur jene Eigenschaften aufgenommen, die uns passen. Das Selbstbild sollte nicht mit Selbsterkenntnis verwechselt werden. Es dient vor allem auch dem Schutz vor uns selber. Eigenschaften oder Schwächen, die uns nicht genehm sind, werden ausgeblendet, weil sie uns aus dem seelischen Gleichgewicht bringen könnten. Wir orientieren uns an einer geschönten Version unserer Persönlichkeit, damit es uns gut geht. Kritik an unserer Persönlichkeit erlauben wir nur innerhalb eines definierten Toleranzbereichs. Wir schreiben uns egoistische Züge zu, eine chaotische Tendenz oder ein eigenbrötlerisches Verhalten, weil wir solche Eigenschaften gerade noch tolerieren. Es fiele uns jedoch schwer einzugestehen, dass wir schmutzig, sexuell pervers, falsch oder lügenhaft sind. Besonders krass drückt sich die Realitätsferne des Selbstbildes bei schweren Alkoholikern aus: Sie können in einer Entziehungsklinik sitzen, nachdem sie den Beruf, die Familie und das Vermögen wegen ihrer Sucht verloren haben, und immer noch behaupten, mit dem Alkohol hätten sie keine Probleme. Eigenschaften, die nicht mit unserem bewussten Standpunkt vereinbar sind, schließen wir kurzerhand aus. Wir würden von Selbstzweifeln befallen und müssten einen Stimmungsabsturz befürchten, durch den wir unsere Handlungsfähigkeit verlieren könnten. Im Alltag blenden wir also problematische Eigenschaften unserer Person aus. Nur so können wir uns am Morgen im Spiegel betrachten und uns sagen: Es lohnt sich, dieses Individuum der Welt zu präsentieren.

Die meisten Menschen bewahren ihr Selbstbild sorgfältig. Sie sehen und hören nur, was in ihr Selbstbild passt. Kritik wird nicht wahrgenommen, und negative Erfahrungen werden umgedeutet. „Ich habe eine ungeheure Wirkung auf Frauen!", teilt mir ein fünfundreißigjähriger Softwarespezialist überzeugt mit. „Ich spüre, wenn sie nicht zu ihrer Sexualität stehen! Wenn ich sie darauf anspreche, dann fühlen sie sich ertappt! Natürlich müssen sie mir anschließend aus dem Weg gehen: Sie sind nicht fähig, zu ihren Leidenschaften zu stehen!" Währenddessen überlege ich mir, ob seine Analyse wirklich so präzise ist und ob es nicht auch andere Gründe gibt, wieso die Frauen nicht mit ihm sprechen wollen.

Selbsterkenntnis ist schwierig und nur unter bestimmten Bedingungen möglich. Neben persönlicher Reife und Selbstdistanz spielt der gesellschaftliche Kontext eine Rolle. Wenn wir uns sicher und geborgen fühlen und uns in der Gruppe nicht profilieren müssen, dann gelingt es uns eher, uns selbst offenen Auges anzuschauen. Oft müssen wir uns jedoch zuerst von Eitelkeiten, Neid und Ängsten befreien. Der Blick in die Tiefen unserer Persönlichkeit und die Gerümpelkammern unserer persönlichen Vergangenheit kann jedoch gefährlich sein. Vielleicht treffen wir dort auf Eigenschaften, mit denen wir schlecht umgehen können. Wer kann schon akzeptieren, vielleicht doch eine schlechte Mutter gewesen zu sein, den eigenen Mann nicht wirklich geliebt zu haben oder eigentlich immer schon von Geldgier getrieben worden zu sein?

Eine Depression bietet ebenfalls eine Chance zur Selbsterkenntnis. Während des emotionalen Tiefs entziehen wir der Außenwelt und den Mitmenschen unsere Aufmerksamkeit und unsere Energien. Wir fallen auf uns selber zurück und nehmen unsere Umwelt in Grautönen war. Da wir dadurch weniger in die uns umgebende Kultur und in unsere Beziehungen eingebunden sind, werden wir freier. Unser Denken orientiert sich nicht automatisch an den Erwartungen und Vorgaben der Umgebung und des Selbstbildes, sondern kann auch Themen zulassen, die sonst ausgeblendet werden. In solchen Momenten erblicken wir vielleicht die hässliche Fratze unserer Schattenpersönlichkeit oder realisieren Untaten der Vergangenheit, entdecken jedoch vielleicht auch neue Fähigkeiten. Die Depression ist das Gegenbild zu der ständigen leichten Selbstüberhöhung, die das Leben von uns fordert. Weil wir dieses leicht geschminkte Selbstbild brauchen, entwickelt sich mit der Zeit ein innerer Doppelgänger. Es handelt sich um eine Schattenpersönlichkeit, die alle jenen Seiten und Eigenschaften in sich vereint, die wir ausblenden wollen. Der Schattenpersönlichkeit sind wir uns meistens nicht bewusst, sie mischt sich jedoch immer wieder in unser Leben ein und beeinflusst unsere Entscheidungen und Pläne.

Zu Beginn von Beziehungen präsentieren sich Männer und Frauen über ihre Selbstbilder. Während der Verliebtheitsphase orientiert man sich an den positiven Varianten der Persönlichkeit. Gerne glaubt man den Geschichten, die der andere über sich erzählt, und übernimmt dessen Wunsch- und Idealvorstellungen. Die ersten Signale und Vorzeichen, die mögliche Differenzen oder Konflikte anzeigen, werden nicht wahrgenommen. Ein möglicher Konflikt zeigt sich an, und ohne dass wir es merken, verändert sich die Qualität der Beziehung. Die romantische Schonphase neigt sich dem Ende zu, und wir beginnen den Partner oder die Partnerin mit anderen Augen zu sehen.

Erste Phase: Kleine Sticheleien und Irritationen

„Peter? Hast du den Abfallsack hinausgetragen?“, ruft eine Frau ihrem Mann betont liebevoll zu. „Habe ich vergessen! Mach’ ich gleich, Schatz!“, antwortet dieser sofort. Vergisst er immer! Und Schatz hat er nur gesagt, um mich zu beruhigen, denkt sie für sich und ist leicht verstimmt. Differenzen manifestieren sich oft bei Banalitäten: Wieso verschwindet er immer wieder, ohne sich abzumelden? Muss er die Tasche immer in mein Zimmer stellen, wenn er nach Hause kommt? Wieso unterbricht sie mich immer wieder? Es sind Kleinigkeiten, die uns irritieren.

Wenn sich in einer Beziehung Differenzen zeigen, dann droht das gemeinsame Beziehungsbild Kratzer zu bekommen. Man hat doch ein offenes, unproblematisches Verhältnis zueinander und ist, im Gegensatz zu vielen anderen Paaren, in Liebe miteinander verbunden. Der Kelch wird an uns vorbeigehen, und sicher machen wir nicht die gleichen Fehler wie tausend andere Paare. Je länger die Beziehung andauert, desto mehr verändert sich jedoch diese Einschätzung. Hinter bestimmte Eigenschaften werden Fragezeichen gesetzt. Ist der Partner oder die Partnerin wirklich so großzügig und humorvoll, wie man geglaubt hat? Wir sehen den Partner oder die Partnerin nicht mehr mit den gleichen Augen. Sie scheint doch nicht die lebendige, lebenslustige Frau zu sein, wie man bisher geglaubt hat, sondern auch eine nörglerische oder depressive Seiten zu haben. Das Bild, an dem man sich in der Partnerschaft bisher orientiert hat, wird hinterfragt. Meistens glaubt man jedoch, diese kleinen Widersprüche aus der Welt schaffen zu können.

Wir können die Differenzen ansprechen, diskret über sie hinwegsehen, sie humorvoll überspielen oder sie sofort aus der Welt zu schaffen. Die Reaktionsweise der Männer ist tendenziell anders als die der Frauen. Viele Männer nehmen kleine Meinungsverschiedenheiten nicht besonders ernst oder ziehen sich zurück. Spannungen gehören halt zum Leben, denken sie sich, und Frauen sind sowieso von Zeit zu Zeit schwierig. Da Beziehungsarbeit für sie einen geringeren Stellenwert hat, führen sie den Zwist auf eine „Grundeigenschaft der Frau“ zurück. Man weiß ja, dass Frauen unter Gefühlsschwankungen leiden.[75] Sie müssen einfach hier und da nörgeln, haben ihre depressiven Momente oder wollen alles aus einem herausquetschen: So sind sie eben. Die Vorboten eines Konfliktes werden von Männern selten als solche wahrgenommen. Sachliche Beziehungskritik fällt Männern schwer. Der Partnerin mitzuteilen, was sie stört, überfordert sie. Ganz anders die meisten Frauen: Sie empfinden Differenzen als eine *Herausforderung* in der Beziehung. Es geht um ein gemeinsames Problem, das gelöst werden kann. Wenn sie Meinungsverschiedenheiten thematisieren, dann in der Hoffnung, dass *er* seinen Fehler einsehen und an sich arbeiten wird. Er wird lernen, den Abfallsack hinter das Haus zu stellen, die Partnerin nicht zu unterbrechen oder Abmachungen einzuhalten. Mir und der Beziehung zuliebe wird er diese Details ändern. Im Gegensatz zu den Männern machen es sich Frauen zur Aufgabe, kleine Differenzen anzugehen und Meinungsverschiedenheiten zu bereinigen. Beziehungsarbeit ist angesagt. Der Konsens muss wieder hergestellt werden. Es gilt an der Persönlichkeit des Partners zu feilen, denn schließlich ist er ja nahezu perfekt. Ein *Nacherziehungsprogramm* beginnt. „Mein Freund bleibt am Morgen viel zu lange im Bett! Immer wieder gerät er in Zeitnot! Nun habe ich ihm gesagt, dass ich ihn um halb sieben wecken werde. Auf diese Weise kann er gemütlich frühstücken und hat genügend Zeit, sich für die Arbeit vorzubereiten", erläutert eine Kollegin stolz. Bei einem anderen Paar begann die Frau ihrem Mann vorzuschreiben, welche Kleider er tragen dürfe. „Ich muss ein bisschen streng mit ihm sein!", gestand sie ihrer Freundin gegenüber. „Diese ollen Jeans müssen weg!" Natürlich, aus der Sicht beider Frauen geht es darum, dem Mann zu helfen, seine kleinen Schwächen zu überwinden. Der persönliche Einsatz will als Liebesbeweis registriert werden, ob es sich nun um eine Aufräumaktion im Kleiderschrank oder um Maßregelungen vor Freunden handelt. Die Auseinandersetzungen haben in dieser Phase eine eigenartige Qualität. Außenpersonen merken oft, dass sich ein Streit anbahnt, während die meisten Männer vom Engagement ihrer Partnerin beeindruckt sind.

Die scheinbare Indifferenz der Männer hat damit zu tun, dass Beziehungen für sie eine andere Bedeutung haben. Während Frauen in Beziehungen nach Gemeinsamkeiten suchen und diese als Beweis einer lebendigen Liebe oder guten Freundschaft verstehen, sind Männern nüchterner. Haben sie eine Frau erst einmal erobert, dann wird sie im Extremfall als Beute dem eigenen Einflussbereich zugeordnet. Während Frauen durch heraufziehende Differenzen herausgefordert werden und sich für die Qualität der Beziehung interessieren, hat sich für viele Männer mit der Eroberung und Zuordnung fürs Erste die Arbeit erledigt. Für Frauen ist die Qualität der Interaktionen und die gegenseitige Empathie der eigentliche Kern einer Beziehung. Männer verstehen Beziehungen weniger als *psychologisch-existentielles Experiment*, sondern eher als eine *biologisch-gesellschaftliche* Notwendigkeit. Man *hat* eine Frau, Freundin oder Geliebte, so wie man einem Beruf nachgeht. Wichtig ist, dass die Partnerin bereit ist, die entsprechende Rolle zu übernehmen, und einem im Leben zur Seite steht. Aus männlicher Sicht sind Spannungen nun einmal eine Tatsache des Lebens, und die Frage der Beziehung lässt sich nicht nur von der Qualität her definieren.

Aus weiblicher Sicht ist diese Einstellung nicht nachvollziehbar. Es irritiert Frauen, wenn ihre Partner die Beziehung nicht thematisieren. Sie wünschen sich, der Mann oder Freund würde mehr über die Beziehung reflektieren: Fühlst du mich von mir verstanden? Bin ich zu dominant? Sie wünschen sich, dass ihre Männer Ideen und Vorschläge zur *gemeinsamen* Lebensgestaltung oder zur Verbesserung der Beziehungsqualität einbringen. Der Partner könnte ihnen doch von Zeit zu Zeit ein differenziertes Feedback zum Stand der Beziehung geben. Man möchte nicht einfach zum Inventar gehören, sondern verlangt nach einer *aktiven* Auseinandersetzung von Mensch zu Mensch. Gespräche über die Beziehung sind der Beweis, dass man an der Beziehung interessiert und gewillt ist, einen gemeinsamen Weg zu beschreiten. Sie machen Beziehungen wertvoll. Bei den Ratschlägen, die Frauen den Männern erteilen, handelt es sich aus ihrer Sicht nicht um Anweisungen, sondern um *Beziehungsbestätigungen* oder sogar *Liebesbeweise*. Sie kümmern sich um ihre Männer und möchten ihnen behilflich sein. Diese neigen jedoch dazu, solche Angebote zu ignorieren. Der Kampf findet draußen statt, auf Beziehungsdramen kann man verzichten. Männer betrachten Differenzen selten als Revitalisierungsschub oder Gelegenheit, sich neu zu spüren. Längere persönliche Auseinandersetzungen sind ihnen lästig.

Zweite Phase: Offene Streitigkeiten

In der zweiten Phase der Streitspirale werden die Differenzen *offen* ausgetragen. Randbemerkungen und zufällige Beobachtungen entwickeln sich zu *Meinungsverschiedenheiten*. Sowohl Frauen wie Männer beginnen sich *echt* über ihren Partner oder ihre Partnerin zu ärgern und realisieren, dass beide *unterschiedliche* Standpunkte vertreten. Es geht nicht mehr nur um einen Austausch verschiedener Ansichten, sondern darum, dass die Position des anderen wirklich unverständlich geworden ist. Die Interaktion wird dramatischer.

„Wieso muss ich dir sagen, dass du im Badezimmer den Duschvorhang ziehen und keine Überschwemmung verursachen sollst?", meckert eine Frau ihren Mann an. Dieser antwortet lakonisch, er sei nicht als Letzter im Badezimmer gewesen. Während sie ein versöhnliches Wort hören will, ist für ihn das Thema erledigt. Mit seinen Gedanken ist er bereits wieder im Büro, überlegt er sich, wie er das Angebot für die Firma Soundso gestalten soll. In dieser Phase werden typische persönliche, aber auch geschlechtstypische Eigenheiten bemerkbar: Männer tendieren dazu, sich zurückzuziehen.[76] Nach Ehekonflikten reagieren Frauen eher mit Depressionen als Männer.[77] Männer meiden lange persönliche Diskussionen und halten stärker an ihrer ursprünglichen Meinung fest. Oft fehlt ihnen die Einsicht in das Problem. Für sie ist die Partnerin einfach „etwas aufgeregt" oder „wieder einmal unzufrieden". Frauen verhalten sich bei offenen Streitigkeiten tendenziell anders. Oft erhöhen sie den Einsatz und fühlen sich frustriert, weil ihr Gegenüber nicht auf die Auseinandersetzung einsteigt. Im Gegensatz zu den Männern, die das Thema bald „vergessen", lässt es sie einfach nicht los.[78] „Die Differenzen müssen bereinigt werden!", denken sie und pochen auf Gespräche. Sie möchten reden, reden und nochmals reden. Aus ihrer Sicht sind Lösungen nur möglich, wenn man lange und intensiv spricht. Männer reagieren hingegen auf die Forderung nach bereinigenden Gesprächen oft irritiert. Reden an sich führt nicht zu Lösungen. Statt sich der Auseinandersetzung zu stellen, weichen sie auf quasi-autistische Beschäftigungen aus: Der Werkzeugkasten muss unbedingt geordnet, der Ursprung der Redewendung „höchste Eisenbahn" in einem Wörterbuch deutscher Redensarten nachgesehen, die Sportschau angeschaut oder ein chinesisches Schriftzeichen entziffert werden. Während Frauen ihre Emotionen und Gedanken zulassen, schieben Männer eine dringende Angelegenheit vor oder verstecken sich hinter einem anderen Interesse. Längere verbale Auseinandersetzungen sind ihnen ein Gräuel. Wenn mehr als zehn Minuten auf sie eingeredet wird, dann beginnen sie sich zu verschließen, werden wirklich wütend oder sind nur noch physisch präsent. Zum Ärger der Frauen signalisieren sie, dass es nichts zu bereden gibt.

Die Unfähigkeit vieler Männer, sich einer vollen Auseinandersetzung zu stellen, hat damit zu tun, dass sie sich bei direkten persönlichen Auseinandersetzungen *unterlegen* fühlen. Sie verfügen über weniger Beziehungswörter als Frauen und können ihre Empfindungen und Gefühle weniger gut argumentativ einbringen. Ihr Sinn für die verschiedenen Facetten einer Beziehung ist weniger gut entwickelt. Sie übersehen, dass jedes Thema auch eine persönliche und emotionale Dimension hat. Es geht nicht nur um die Badezimmerbenutzung, sondern um persönliche Wertschätzung. Nicht nur das objektive Thema ist wichtig, sondern was es in der Beziehung bedeutet. Da Männer es weniger gewöhnt sind, versteckte Beziehungsbotschaften zu erkennen, verhalten sie sich oft ungeschickt. Sie können nicht nachvollziehen, wenn die Partnerin beleidigt reagiert, wenn man ohne die zwei Liter Milch nach Hause kommt, die zu kaufen man am

Telefon extra versprochen hat. Aus seiner Sicht handelt es sich lediglich um eine Organisationspanne. Sie fühlt sich jedoch persönlich angegriffen, weil er ihre eindringliche Bitte missachtet hat. Verschiedene Auffassungen prallen aufeinander.

Wenn Frauen merken, dass sie bei ihrem Partner nicht mehr weiterkommen, dann setzen sie häufig neben den Worten weitere Mittel ein: Mit Insistieren, Klagen, Jammern und Weinen versuchen sie, bei ihrem Freund oder Mann endlich einmal eine Reaktion auszulösen: Wenn man schluchzt, das Problem dramatisiert oder einen Kontaktabbruch inszeniert, dann kommt er vielleicht ein bisschen aus sich heraus. Frauen spielen bei einem Streit oft das Opfer; Männer dagegen werden eher aggressiv, suchen die Auseinandersetzung und den Kampf, ändern ihre Strategien und Taktiken.[79] Viele Männer lassen sich durch diese weibliche Taktik beeindrucken. Die dramatischen Inszenierungen sind schwer zu ertragen, und das Weinen appelliert an seinen Schutzinstinkt. Natürlich sieht der Mann den Zusammenhang immer noch nicht und kann mit dem Inhalt der Vorwürfe nichts anfangen, doch er beginnt Emotionen zu zeigen. Statt auf einen Computerbildschirm zu starren, ständig auf die Uhr zu blicken oder von Konzepten zu reden, blickt er die Partnerin an und – Halleluja – reagiert! Wenn es gut kommt, dann gibt es sogar versöhnliche Bemerkungen. Diese sind zwar meistens ziemlich allgemein, doch sie können mit etwas Fantasie als Trost verstanden werden. „Doch, wir werden sehen, dass wir die nächsten Ferien im Süden organisieren!“, antwortet er, nachdem sie mehr als zwei Stunden auf ihn eingeredet und ihn, den Tränen nahe, gebeten hat, auf die Vier-Berge-Tour mit seinen Kollegen zu verzichten. Nicht der Inhalt der Worte hat ihn überzeugt, sondern die offensichtliche Hilflosigkeit seiner Partnerin. Aufgrund solcher Appelle werden Männer zugänglicher und lassen sich überzeugen, auch wenn sie eigentlich nicht von ihrer Position abgewichen sind. Mit der Zeit kann sich jedoch ein Gewöhnungseffekt einstellen. Manche Männer lassen sich dann trotz der stärksten Mittel nicht beeindrucken.

Interessant ist auch, *wann* Auseinandersetzungen stattfinden. Frauen sind insofern *nachtaktiv*. Kurz bevor man das Nachttischlämpchen ausschalten möchte, um sich endlich nach einem anstrengenden Tag ein wenig Schlaf zu gönnen, wird die Frage aufgeworfen, ob man nicht vielleicht doch die Wohnung kündigen, ein zweites Kind haben oder sich trennen sollte. Probleme werden genau dann thematisiert, wenn wirklich *keine* Zeit zur Verfügung steht. Wenn der Tag eigentlich zu Ende ist, dann werden entscheidende Themen aufgetischt. Ist man im Stress, dann wollen Frauen reden und streiten. Geht man nicht auf die Diskussion ein, dann wird dies als Affront empfunden. „Wieso willst du nicht darüber reden? Hast du mich nicht gern?", wirft eine Frau ihrem Mann vor, nachdem sie um zwei Uhr nachts wissen will, wieso eine Kollegin ihm aus Antigua eine Postkarte schickt und mit „liebem Gruß" unterschreibt. (Die Karte ist zwei Jahren alt.) Hinweise auf die Uhrzeit und die Bitte, das Thema für einen geeigneteren Zeitpunkt auf die Tagesordnung zu setzen, werden als Schuldeingeständnis oder Widerstand empfunden. „Hast du etwas zu verbergen?"

In dieser Phase streiten Männer nicht, sondern sie *verhandeln*. Sie sehen in Auseinandersetzungen nicht einen gemeinsamen Prozess mit dem Ziel, eine Lösung zu finden, und ein Ausloten der Beziehung, sondern für sie stehen sich vor allem zwei Parteien gegenüber. Zuerst werden die Positionen umrissen. „Ich bin nicht dagegen, dass wir Schneiders einmal einladen! Aber dieses Wochenende möchte ich Ruhe!" – das ist nicht als feindliche Bemerkung gegen die Freunde der Frau gemeint, sondern drückt eine Strategie aus: Ruhezeit im Austausch gegen einen gesellschaftlichen Anlass! Der Streit ist für Männer kein Mittel, Empfindungen und Gefühle auszudrücken, sondern Vorschläge zu diskutieren. Aussagen können kritisiert, verworfen und erweitert werden. Es geht nicht um persönliche Meinungen, sondern um das Ausloten theoretischer Möglichkeiten. Machtspiele und Drohungen sind erlaubt: „Gut, von nun an haben wir separate Schlafzimmer!", ist für sie nicht als Absage an die Beziehung gedacht, sondern als eine Schlafvariante. Natürlich hat man mit einer solchen Aussage nicht gemeint, dass einem das gemeinsame Schlafgemach nicht wichtig ist. Die Beziehung soll lediglich auf eine neue Basis gestellt werden, die auch gegensätzliche Positionen erlaubt.

Frauen sind solche Vorgehens- und Denkweisen fremd. Ihnen geht es um die Auseinandersetzung von Mensch zu Mensch. Jedes Wort und jede Handlung enthält auch ein Beziehungssignal. Die Suche nach einem Konsens und einer gemeinsamen Position steht im Vordergrund. Aus weiblicher Sicht bedeutet ein Streit auch nicht zwingend einen Angriff auf den Partner, sondern es geht auch um den Versuch, die Paardynamik zu verstehen und die Beziehung zu stärken. Sie verstehen ihr Handeln als *sozial positive Tätigkeit*. Während Männer sich oft auf die Gegensätze konzentrieren, streben Frauen Harmonie an oder wollen durch eine dramatische Inszenierung ihren Mann wieder präsenter haben. Die gemeinsame Wirklichkeit, die ursprüngliche Verzauberung soll wiederhergestellt werden, koste es, was es wolle. Man streitet, weil man sich für den Partner einsetzt, Unstimmigkeiten ausräumen und die Beziehung verbessern will.

Lösungen kann man auf unterschiedliche Weise finden. Während Frauen dazu neigen, ein Thema lange zu umkreisen, immer wieder darüber zu reden, um es wieder von einer anderen Perspektive zu beleuchten, konzentrieren Männer sich auf direkte Antworten. Sie hören sich das Problem an und bringen bald einen Vorschlag, wie das Problem gelöst werden könnte. „Wir werden die Küche umbauen!“, beschließt der Mann kurz und bündig. Seine Frau fühlt sich jedoch vor den Kopf gestoßen. Wie kann er bereits eine Lösung formulieren, bevor er alle Details kennt? Während Frauen noch ganz mit der Beschreibung der Umstände beschäftigt sind, schlagen Männer bereits Lösungen vor. Ihre Antworten sind jedoch aus weiblicher Sicht vielfach zu einfach. Während er der Ansicht ist, dass sich ein gangbarer Weg aus dem Konflikt auftut, ist für sie die Diskussion noch lange nicht beendet.

In dieser Phase empfehlen sich *Pausen*. Die Differenzen werden oft nicht mehr während der Diskussion bereinigt. Die Gegensätze bleiben vielleicht sogar auch nach längeren Diskussionen bestehen. Der Streit ist jedoch trotzdem wertvoll, weil beide die Auffassung des anderen kennen gelernt haben und nun wissen, wo der Partner oder die Partnerin wirklich steht. Die Auseinandersetzungen lösen bei beiden einen Prozess aus. Sind die wüsten Worte verhallt, dann beginnt der Denkprozess. Die bisher kompromisslos verfochtenen eigenen Positionen werden plötzlich hinterfragt. Die Argumente des Partners wirken nach. „Was meint sie eigentlich, wenn sie mir vorwirft, ich würde nie zuhören?" – „Vielleicht hat er doch ein bisschen recht, wenn er den Eindruck hat, ich nähme alles zu persönlich!" Nach Streitigkeiten kehrt oft wieder Nüchternheit ein. Man ist nicht mehr nur auf bestimmte Lösungen und Positionen fixiert, sondern beginnt die eigene Einstellung zu hinterfragen. Bei heftigem Streit empfiehlt es sich darum, sich eine Auszeit zu verordnen, in der man sich anderen Themen zuwendet. Unter anderen Vorzeichen und zu einem anderen Zeitpunkt kann das Streitthema wieder aufgenommen und Lösungen diskutiert werden.

Dritte Phase: Wüste Worte und Verhärtungen

In der dritten Phase radikalisieren sich die Auseinandersetzungen. Der Tonfall wird gehässiger und die Haltung kompromissloser. Es geht nicht mehr nur um verbale Dispute, sondern um garstige Streitigkeiten. Es werden nicht mehr nur Ansichten ausgetauscht, Verhandlungen geführt und Positionen verglichen, sondern nun fallen auch kategorische Urteile. „*Immer* bist du gemein zu mir!" – „Ich habe hier in der Wohnung anscheinend *überhaupt* nichts zu sagen!" Aus Einzelerlebnisse werden Kategorien abgeleitet und zu permanenten Charakterzügen erklärt. Worte wie „immer", „nie" und „andauernd" fallen. Die Ich-Botschaften weichen direkten Angriffen: „Du bist rücksichtslos!", wirft man dem Partner vor und nicht: „Ich fühle mich übergangen!“ Solche Ausdrücke weisen darauf hin, dass man um Abgrenzung bemüht ist. Man orientiert sich nicht mehr an der ersten Verliebtheit oder zelebriert Gemeinsamkeiten, sondern erkennt am anderen Eigenschaften und Verhaltensweisen, die man unverständlich findet. Ansichten, Taten oder Reaktionen des anderen werden zerpflückt und lächerlich gemacht. Durch die Attribute „immer“ oder „alle finden das“ bekommt das alles einen Absolutheitscharakter. Es ist schwieriger geworden, Gegenargumente zu formulieren.

Frauen neigen in dieser Phase dazu, sich als *Opfer* zu sehen. Sie verstehen nicht, warum der Mann nicht endlich vernünftig wird und *ihre* Logik übernimmt. Es kommt zu Vorwürfen. Viele fühlen sich geprellt, weil ihre Beziehungsarbeit nicht geschätzt wird. Im Extremfall sind sie überzeugt, bisher nur gegeben, geschlichtet und sich für den Partner eingesetzt zu haben. Warum sieht er nicht endlich ein, dass er mitteilen sollte, was in ihm vorgeht, und auch über Gefühle reden sollte? Aus ihrer Sicht sind sie das Objekt von Aggressionen geworden und haben unter der Borniertheit der Männer zu leiden. Etwaige Feindseligkeiten kommen nicht von ihnen, sondern vom Partner, oder allenfalls sind die Umstände dafür verantwortlich. Ein Mann verhält sich einfach unmöglich, wenn er sich mehr seinem Pferd als seiner Frau widmet, nur über Sport und Autos spricht oder sich in seinem Arbeitszimmer verkriecht, um die Geschichte des Osmanischen Reiches zu studieren, anstatt auf dem Sofa ein wenig zu kuscheln. Da Frauen sich bis zu dieser Phase tendenziell mehr in der Beziehung engagiert haben, sind sie überzeugt, die Leidtragenden zu sein. Man hat sein Bestes gegeben und versucht, es *ihm* Recht zu machen, erntet jedoch wenig Anerkennung oder sogar Undank.

Männer verhalten sich anders. Sie sehen sich seltener als Opfer, sondern reagieren in Konflikten mit Zynismus und „dummen Sprüchen“ oder ziehen sich zurück und demonstrieren Gleichgültigkeit.[80] „So, und du willst immer noch deiner Beschäftigungstherapie nachgehen?“, bemerkt ein Mann über die Arbeit seiner Frau, und ein anderer entgegnet, nachdem seine Freundin mindestens zehn Minuten heftig auf ihn eingeredet hat und auf ein vernünftiges Gegenargument wartet: „Jetzt kommt mir in den Sinn: Ich muss noch einen Bericht fertig schreiben!“ Er wurde von seiner Freundin beinahe umgebracht! Oft sind die Bemerkungen der Männer klar despektierlich. „Vielleicht musst du halt vor deinem Chef einfach die Höschen runterlassen, das löst deine Probleme am Arbeitsplatz!“ Solche Äußerungen sind inakzeptabel und werden als nicht tolerierbarer Affront erlebt.[81] Männer selber nehmen diese Sprüche weniger ernst. Es sei nicht so gemeint, versuchen sie sich zu entschuldigen und geben vielleicht sogar zu, sich schlecht aufgeführt zu haben. Die zynische Haltung und die Sprüche sind bei den Männern jedoch ein Zeichen, dass sie schlecht mit ihren andrängenden Gefühlen umgehen können.

In dieser Phase kommt es bei den Männern zu ersten Wütausbrüchen. Plötzlich wird es ihnen zu viel, und sie werden laut und heftig. Im Gegensatz zu Frauen, die ihre Wut in einem Trommelfeuer von verbalen Attacken ausdrücken, manifestiert sie sich bei den Männern in einem plötzlichen, heftigen Ausbruch. Sie verlieren die Beherrschung. Plötzlich schreien sie, bekommen einen roten Kopf oder schlagen auf den Tisch. Für Männer sind solche Ausbrüche ein Kontrollversuch. Eigentlich möchten sie durch den aggressiven Akt wieder Herr der Situation werden und ihre eigenen Ängste bewältigen. Für Frauen ist das natürlich ein Ärger, doch vielfach auch ein hoffnungsvolles Zeichen: Ihr Partner ist aufgewacht und bleibt nicht in seinem Dämmerzustand! Auch Männer sind zu Reaktionen fähig! Der Zorn hat sie zu unbedachten Äußerungen verleitet. „Bei dir werde ich nur noch kastriert!“ – „Man muss Psychiater sein, um mit dir zusammenleben zu können!“ Die Aussagen, zu denen sich Männer bei ihren Wutausbrüchen verleiten lassen, sind oft heftig und grob. Sie verfehlen vielfach ihre Wirkung, weil sie zu extrem sind. Stattdessen diskreditieren sie ihren Urheber. Da die Aussagen nicht auf die Sensibilitäten des Gegenübers abgestimmt sind treffen sie ins Leere. Natürlich ist es beleidigend, als „ewige Lügnerin" oder „hysterische Psychofrau" beschimpft zu werden, doch wenn die Vorwürfe kein Körnchen Wahrheit enthalten oder keinen Komplex treffen, dann lassen sie die Frau kalt. Verbaler Psychoterror ist nicht die Stärke der Männer.

Vor wütenden Männern ziehen sich die meisten Frauen zurück. Sie reagieren mit Bestürzung und Entsetzen oder brechen demonstrativ den Kontakt ab. Da der Wutausbruch den Mann automatisch ins Unrecht versetzt, haben Frauen einen Punktevorteil: Jetzt ist klar, wie primitiv er wirklich ist! Seine Ausfälle sprechen für sich. Gleichzeitig kann ein Wutausbruch des Mannes bei der Frau ein Gefühl der Befriedigung auslösen. Seine Wut und seine heftigen Worte sind auch ein Beweis, dass die Beziehung für ihn immer noch wichtig ist. Ein Mann, der seine Emotionen permanent im Griff hat, ist unerträglich. „Ich schrie ihn an, machte ihm Vorwürfe, doch die heftigste Reaktion, die er jemals zeigte, war, dass er sich an den Computer setzte und aufgeregt das Haushaltsbudget neu berechnete! Mehr war aus ihm nicht herauszubekommen!"

Während Männer sich nach Streitigkeiten und Wutausbrüchen wieder in ihre Höhle zurückziehen und die Ereignisse banalisieren, beginnen Frauen die Vorfälle mit *Außenstehenden* zu diskutieren. Die Streitthemen werden mit Freundinnen oder Arbeitskolleginnen durchgenommen. In Stresssituationen neigen Frauen eher wie Männer dazu, sich mit anderen Personen zu verbinden und ein Beziehungsnetz aufzubauen.[82] Erfahrungen mit dem Partner wollen diskutiert werden. „Es ist absolut unmöglich, wie sich Thomas bei unseren Diskussionen verhält", klagt sie, „er geht einfach nicht auf mich ein!" Vordergründig geht es um Ratschläge und darum, die Situation zu analysieren. Vielfach haben diese Gespräche jedoch auch eine *Aufmunitionierung* zum Ziel. Oft wird die Situation einseitig beschrieben. Eigentlich hofft man auf eine Komplizin. Man sucht bei der Freundin oder Kollegin nach Argumenten und Taktiken, die man bei der nächsten Schlacht einsetzen könnte. „Während der Ferien verhielt sich Markus völlig unmöglich, immer lag er krank im Bett und wollte gepflegt werden! Ein richtiger Bubi!“, wird geklagt. Die Freundin rät, dass man ihm halt klar machen müsse, dass man in nicht in eine Mutterrolle fallen möchte. Nicht erwähnt wird, dass man ihn selber dauernd auf Trab gehalten hat. Dem Freund gönnte man keine Ruhepause oder Zeit für sich allein, sondern schleppte ihn von Laden zu Laden, von Sehenswürdigkeit zu Sehenswürdigkeit und verlangte, dass er dieses intensive Tagesprogramm begeistert mitmacht. Sein Kränkeln war ein hilfloser Versuch, sich vor der extravertierten Hektik der Freundin zu retten. Die Hinwendung zu Außenpersonen ist ein Zeichen, dass die Persönlichkeit des Partners beurteilt werden soll. Man beginnt ihn mit anderen Augen zu sehen. Durch Gespräche mit Außenstehenden will man eigene Auffassungen bestätigen. „Findest du es nicht auch daneben, wenn man zu Hause begrüßt wird mit den Worten: ‚Was gibt's zu essen?‘“ Es geht um Solidarisierung. Die Freundin oder Kollegin wird vielleicht kritische Gegenfragen stellen, meist stehen jedoch Bestätigungen im Vordergrund. Man tankt gewissermaßen Weiblichkeit und sensibilisiert sich wieder für weibliche Positionen. Von der romantischen Zweisamkeit ist nicht mehr viel zu spüren, handfeste Beziehungsarbeit ist angesagt. Das Paar wird mit den psychologischen Differenzen zwischen den Geschlechtern konfrontiert. Die Schlussfolgerung vieler Frauen in dieser Phase ist, dass sie mit ihrem Partner vielleicht doch nicht das große Los gezogen haben, sondern auch er halt ein typischer Mann ist.

Häufig gehen einem dann bestimmte Einzelheiten nicht mehr aus dem Kopf, besonders auch Persönlichkeitseigenschaften, die irritieren: Eigentlich ist mein Freund ein Geizhals! Er behauptet zwar immer wieder, dass er mich einladen möchte und ihm Geld gleichgültig sei, doch in Wirklichkeit schaut er auf jeden Cent! Ich werde nie mehr mit ihm ausgehen! Schwächen, über die man bisher großzügig hinwegsehen konnte, rücken ins Zentrum.

Die Wahrnehmung verengt sich, und man fixiert sich auf das Trennende. Langsam wird die Beziehung evaluiert und störende Elemente registriert, damit man sie eliminieren kann. Diese Fixierung deutet jedoch auch auf Kampfbereitschaft. Das störende Detail wird zum Grund für eine Distanzierung.

Wenn die Auseinandersetzungen zwischen den Partnern eskalieren, dann ist auch eine gründliche Reflexion über die Beziehung zwischen Männern und Frauen angesagt. Nicht alles kann auf die unterschiedlichen Persönlichkeiten, die jeweilige Biographie oder die Sozialisation zurückgeführt werden, sondern oft manifestieren sich in einem Streit auch für das jeweilige Geschlecht typische unterschiedliche Einstellungen und Positionen. Statt sich also auf bestimmte Fehler des Gegenübers zu fixieren und auf Einsicht zu pochen, gilt es, sich zu überlegen, ob man die störende Eigenschaft nicht als ein notwendiges Fremdes akzeptieren könnte.

Vierte Phase: Vom Streit zur handfesten Beziehungskrise

Die wüsten Auseinandersetzungen können eine regelrechte *Beziehungskrise* auslösen. Dann geht es nicht mehr um meine und deine Meinung, sondern der Partner verwandelt sich in einen *Gegner*. Streitigkeiten treten nicht nur gelegentlich auf, sondern werden zum Dauerzustand. Das Streitthema dominiert die Beziehung, und gute Momente werden rar. Die vierte Phase ist für ein Paar die entscheidende Herausforderung in der Beziehung. Die Frage stellt sich, ob das Paar genügend Kraft hat, sich dem Konfliktthema zu stellen und es zu bewältigen, oder ob es an ihm scheitert. Die Differenzen sind jedoch nicht nach ein paar Diskussionen bereinigt, sondern verfolgen das Paar wie Dämonen. Auch in unproblematischen Situationen drängt sich das Konfliktthema auf und vergiftet das Klima. Nicht einmal die gemeinsamen Sonntagsspaziergänge machen mehr Freude mehr. Die eigenen Gedanken drehen sich konstant um den Konflikt. Bei der Arbeit, bei Freunden, beim Sport, in der Badewanne und bei Sitzungen sinniert man, wieso es zu den Spannungen kam und was man tun könnte. Selbstzweifel werden wach. Wieso hat man damals nicht einfach dem Vorschlag der getrennten Schlafzimmer zugestimmt? Wieso hat man die Fahrkarten nach Stuttgart nicht einfach gekauft? Wieso hat man den Wein über seinen Laptop geschüttet? Beziehungsszenen und Worte des Partners werden im Kopf immer wiederholt. Man verdammt sich, tröstet sich, ist von neuem verzweifelt und wünscht sich immer wieder, man könnte die Zeit zurückdrehen. Oft schwankt man zwischen Wut und Selbstbeschuldigungen und wünscht sich nichts sehnlicher als Normalität. Die eigenen Emotionen veranstalten rasante Berg- und Talfahrten. Man fühlt sich versöhnlich und ist bereit zu vergeben und den Partner mit einer Ferienwoche auf Kos zu überraschen, und eine Minute später überlegt man sich, ob man nicht vielleicht doch einen Auftragskiller engagieren sollte. Man fühlt sich „verarscht“, frustriert, wütend und enttäuscht und vor allem: Man dreht sich immer wieder im Kreis.

Die Auseinandersetzungen werden dramatischer und hässlicher. Die Beziehung wird zur *Kampfzone*. Es kommt immer wieder zu Wortgefechten und gegenseitigen Beleidigungen. Türen werden zugeschlagen, Gegenstände fliegen durch die Luft, und manchmal kommt es sogar zu Handgreiflichkeiten. Meistens sind jedoch beide überzeugt, dass sie nur das Gespräch suchen und zu Kompromissen bereit wären. Es ist der andere, der nicht zuhören will, zynisch reagiert oder ausweicht. Man macht sich gegenseitig Vorwürfe und beharrt auf der eigenen Position: „Du verstehst überhaupt nichts! Du hast doch keine Ahnung, was es heißt, Mutter zu sein!“ – „Dein Verhalten ist absolut infantil, typisch für deine Familie! Kein Wunder, dass deine Geschwister alle geschieden sind!“ Die Worte des Partners oder der Partnerin werden nur noch selektiv wahrgenommen. Man wählt sich das aus, was man für die nächste Attacke gebrauchen kann.

Frauen haben in dieser Phase die Tendenz, den Partner mit neuen, bisher unproblematischen *Details* aus der Vergangenheit zu konfrontieren. Ihr Gedächtnis ist zu Höchstleistungen fähig, und die Beziehungsgeschichte wird umgeschrieben.[83] Gemeinsame Erlebnisse erhalten im Rückblick eine andere Färbung.[84] Plötzlich erinnern sie sich an Worte oder Handlungen, die Jahre zurückliegen, als hätten sie sich gestern ereignet. „Schon damals während unserer Ferien in Sizilien hast du mir einmal beim Frühstück vorgeworfen, ich jammerte zu viel. Das war unglaublich gemein von dir und hat mich tief verletzt", wird dem verdutzten Mann vorgeworfen, der sich gerade mal an die Ferien erinnern kann. Bisher hatte er jedoch geglaubt, sie seien ein voller Erfolg gewesen. Die Fähigkeit der Frauen, aus Details der Vergangenheit einen Vorwurf zu konstruieren, macht die meisten Männern sprachlos, hilflos und verwirrt. Da sie sich meistens nicht an die Einzelheiten des damaligen Gespräches, Ausflugs oder Abendessens erinnern, sind sie den Schilderungen des Partners ausgeliefert. Sie beginnen zu fabulieren: „Nein, ich habe nicht von dir persönlich gesprochen, sondern eher allgemein von der Tendenz des Menschen zu jammern!", stammeln Sie und liefern der Frau einen weiteren Beweis ihrer Ignoranz. Aus weiblicher Sicht sind solche Ausflüchte eine Frechheit und drücken eine Geringschätzung der Beziehung aus. Wie kann er es wagen, dieses wichtige Gespräch, das man vor sechs Jahren im Intercity-Speisewagen auf der Fahrt zwischen Hannover und Berlin geführt hat, einfach so zu vergessen?

In der vierten Phase denken und verhalten sich die streitenden Parteien *egozentrischer*. Beide bleiben in sich selber gefangen. Sie verlieren die Fähigkeit des *Perspektivenwechsels*. Die Sichtweise des Partners wird zunehmend fremd. Man fixiert sich auf Details des Streitthemas und neigt zu extremen Urteilen. „Deine Vorstellung eines Lebens auf einer Ranch in Bahia ist total naiv, blöd und einfach dumm!", wirft ein Mann seiner Frau vor, als diese wieder einmal den Mut ihres Ex erwähnen muss, der in Brasilien eine Farm kaufen wollte. Die Emotionen übernehmen das Kommando und verhindern einen echten Dialog. Der Puls rast und die Stimme bebt. Beide Streitparteien haben in der Regel das Gefühl, dass die Lösung des Konfliktes auf der Hand liegt: Wenn er doch endlich, endlich einsichtig würde, dann wäre der ganze Konflikt gelöst!" Man verlangt vom Partner, dass er die eigene Sichtweise übernimmt und endlich vernünftig wird. Selber verschanzt man sich hinter den eigenen Auffassungen und macht auf stur. Einen Tiefpunkt erreicht der Gedankenaustausch, wenn beide sich gleichzeitig anschreien. Nachgeben oder Konzessionen sind unmöglich, da man sich ja im Kriegszustand befindet. Signale besserer Einsicht wären ein Zeichen der Schwäche und würden, so der Eindruck, sofort ausgenützt! Also macht man, wie der andere, auf unfehlbar. „Es ist absolut nicht wahr, dass ich zu viel Geld ausgebe! Alle kennen meine Sparsamkeit!", kontert eine Frau vehement, nachdem ihr Mann ihr vorgehalten hat, dass ihre exzessiven Kleiderkäufe das Haushaltsbudget total sprengen. Oft wird gelogen: „Wenn ich etwas von mir sagen kann, dann ist es, dass ich dir immer ehrlich treu war!", wehrt sich eine Frau vehement. Die Affäre mit einem Kollegen war natürlich etwas ganz anderes: Damals war ihr eigener Mann wirklich böse zu ihr und hat sie mit seinen Bemerkungen über ihr Äußeres sehr verletzt, und außerdem hat der geschiedene Kollege den Unfall seiner Tochter nicht verkraften können. Die Gespräche über Buddhismus waren wichtig, das Sexuelle war eher eine spirituelle Erweiterung dieser Begegnung. Ihr einen Seitensprung unterschieben zu wollen, ist ungerechtfertigt! Um unser Selbstbild nicht hinterfragen zu müssen, entwickeln wir komplizierte Ausreden. Während des Kampfes darf man keine Fehler eingestehen.

Männer haben oft große Mühe, mit den widersprüchlichen Signalen ihrer Partnerinnen umzugehen. Sie beginnen sie zu *pathologisieren,* weil sie die Affektlogik hinter ihrem Verhalten nicht erkennen. „Sie sagte, sie wolle gar nichts mehr von mir wissen! Zwei Tage später war sie beleidigt, dass ich ihr zu ihrem Geburtstag keine Blumen geschickt habe!" Er ist der Ansicht, ihr Verhalten sei irrational und ein weiterer Beweis, dass sie halt spinne. Er erkennt nicht, dass ihre Aussagen nicht immer wortwörtlich verstanden werden müssen, sondern eine tiefer liegende persönliche Botschaft, Bitte oder Aufforderung enthalten. Männern wie Frauen fällt es oft schwer, den *persönlichen Anteil* am Konflikt zu erkennen. Eigene Unterlassungen, Flirts oder Aggressionen werden großzügig entschuldigt: „Hör doch endlich auf, mit diesen Vorwürfen wegen Paula: Da war doch wirklich nichts dabei! Wir haben doch nur Spaß gemacht, als wir über eine Reise nach Barbados fantasierten!“ Wenn Männern in Erstsitzungen bei Therapeuten nach den Problemen in der Beziehung gefragt werden, dann antworten sie oft leicht verwirrt: „Probleme? Da fragen sie lieber meine Frau!“ Für Frauen ist es ein Rätsel, wie der Mann immer noch glauben machen kann, alles sei doch in Ordnung, nachdem sie ihn beim Liebesgeflüster am Telefon erwischt, einen fremden Knutschflecken am Hals entdeckt oder beobachtet hat, wie eine Nachbarin ihn immer wieder vertrauensvoll berührte. Die Problemdefinitionen, Ausflüchte und Lösungsvorschläge des Mannes erleben sie als unsensibel und nicht zur Sache gehörend. Sie haben den Eindruck, ihr Gegenüber habe gar nicht begriffen, worum es eigentlich geht. „Es geht mir doch nicht um das Geld! Spinnst du eigentlich? Mir geht es nur um die Wertschätzung!“ Oft verlaufen die Auseinandersetzungen nur noch destruktiv. Je mehr gesprochen wird, desto mehr manövriert man sich in einen Sumpf.

Während Männer immer noch glauben, alles sei in Ordnung, die Partnerin sei nur ein bisschen hysterisch oder zu emotional, fantasiert die Partnerin schon über andere Männer und hat bereits mit Freundinnen, der Mutter oder Kollegen über mögliche nächste Schritte gesprochen. Sie bereitet sich langsam auf den *Absprung* vor. Männer hingegen neigen zur doppelten Buchführung. Sie gehen eine Außenbeziehung ein, wollen jedoch darin keinen Widerspruch zur ehelichen oder Partnerbeziehung sehen. Frauen holen sich Rechtsauskünfte ein, studieren den Wohnungsmarkt, schreiben anderen Männer erotische SMS, während der

Mann immer noch der festen Überzeugung ist, dass die Frau sich sowieso nie von ihm trennen kann. Die häufigen Streitigkeiten und Spannungen lösen bei Frauen einen Denkprozess aus, während Männer nicht wirklich realisieren, dass die Beziehung gefährdet ist.

Interessant ist, dass in dieser Streitphase viel davon die Rede ist, was *andere* tun und denken. Während sich das Paar während der romantischen Phase als außergewöhnlich erlebt, wird jetzt auf *Normalität* gepocht. Man zitiert gesellschaftliche Normen und Konventionen, um die eigenen Argumente zu bekräftigen. „Keine meiner Freundinnen würde dein Verhalten akzeptieren!", hält eine Frau ihrem Mann entgegen. Vermeintliche oder wirkliche Konventionen dienen der Rechtfertigung der eigenen Argumentation. „Alle normalen Männern helfen heute im Haushalt mit!" oder „Es ist doch ganz normal, dass man die Tagesschau abstellt, wenn das Essen fertig ist!" Die Rede von Normalität ist ein Zeichen der Distanznahme. Die Exklusivität der Beziehung wird relativiert. Man lebt nicht mehr in einer anarchischen Zweisamkeit, sondern sehnt sich nach Regelungen, um die Zwistigkeiten zu ertragen. Langsam werden Standards eingeführt, nach denen man sich richten soll. Man will nur noch einen normalen Mann oder eine erträgliche Frau.

Die Streitigkeiten verändern das Sexualleben. Nicht immer schränken sie es ein, sondern die Spannungen in der Beziehung können paradoxerweise das gemeinsame Sexualleben *beleben*. Der Streit hilft Hemmungen abzubauen und Tabus zu durchbrechen. Plötzlich werden bisher geheim gehaltene Fantasien ausgedrückt und ausgelebt. Die beginnende Entfremdung hat zur Folge, dass die Sexualität *entpersönlicht* wird. Der Beziehungsfaktor rückt in den Hintergrund, und man sieht im Mann oder in der Frau ein *reines Sexualobjekt*. Wenn die Rücksichtnahme eine weniger große Rolle spielt, schämt sich das Paar auch nicht mehr wegen den eigenen Bedürfnisse und Fantasien. Die Beziehungserotik wird von einer animalischen Sexualität abgelöst. Die Begegnungen im

Bett werden zu einer Mischung aus Kampf und masturbatorischer Triebbefriedigung. Es ist gleichgültig, was der andere von einem denkt: Hauptsache, ich habe meinen Orgasmus, und was in meinem Kopf abläuft, weiß er sowieso nicht. „Liebe deine Feinde!", dachte ein Mann, während er mit seiner Frau Sex hatte. Meistens schliefen sie nach einem heftigen Streit miteinander. Das gegenseitige Sich-Anschreien und die heftigen Emotionen brachten sie in die richtige Stimmung für einen „Fick". Die Sexualität wurde nicht mehr als Ausdruck der Beziehung empfunden, sondern eher als Hinwendung zur eigenen Körperlichkeit.

In der vierten Eskalations-Phase ist die romantische Verblendung dahin und das Gefühl, eine große Ausnahme zu sein, ist wie weggeblasen. Die Auseinandersetzungen sind direkter und ehrlicher. Man entdeckt neue Eigenschaften und Verhaltensweisen am Gegenüber: Wieso kann er nicht über seine sexuellen Bedürfnisse sprechen? Wieso parliert sie immer wieder französisch, obwohl sie überhaupt nicht von dort stammt? Das Paar lernt sich in seinen *Schatteneigenschaften* kennen. Bisher verborgene Persönlichkeitseigenschaften treten ans Licht und verändern das Bild, das man bisher vom anderen hatte. Projektionen und unrealistische Erwartungen werden zurückgenommen. Die „glatte Nudel" verrät eine depressive Seite, der „Fels" flatterhaftes Verhalten und der unkonventionelle Künstlertyp outet sich als Kleinbürger. Die einfühlsame Art des Mannes entpuppt sich als clevere Masche. Aus psychologischer Sicht wird die Beziehung auf eine *realistischere* Basis gestellt. Unterschiedliche Persönlichkeitseigenschaften werden manifest, Tabuthemen werden angesprochen. Dies löst natürlich beim anderen einiges aus. „Ich finde, du bist zu dick geworden!", wirft ein Mann seiner Partnerin vor, und sie kontert, dass er überall als Versager gelte. Themen, die man bisher aus Rücksicht auf die Gefühle des anderen sorgfältig umgangen hat, werden direkt angesprochen. Männern werden zynisch, Frauen operieren mit Informationen von außerhalb und mit Anspielungen. „Ob du ein guter Liebhaber bist, da wäre ich mir nicht so sicher!"

Männer wie Frauen werden sich in dieser Phase bewusst, dass das Gegenüber *tatsächlich* partiell anders tickt. Das Bild der harmonischen, stimmigen Beziehung wird brüchig. Gegenseitige Unverträglichkeiten werden offensichtlicher. Man empfindet sich gegenseitig als fremd und erfährt die Grundunterschiede zwischen den Persönlichkeiten und den Geschlechtern. Der Konflikt bringt Polaritäten ans Tageslicht, die sonst durch soziale Konventionen und Erwartungen und durch das gemeinsame Beziehungsbild neutralisiert wurden. Obwohl die Gemeinsamkeiten immer noch überwiegen, haben die beiden subjektiv das Gefühl, unterschiedlich zu sein. Die Differenzen zwischen den Geschlechtern werden als Tatsache erlebt. Langsam sieht man das Gegenüber nicht mehr als die individuelle Person, sondern auch als Mann oder Frau „an sich".

Die vierte Phase markiert einen *Wendepunkt* in der Beziehung. Sie kann den Beginn des *Endes* der Beziehung einläuten oder aber eine Erneuerung ermöglichen. Sind die Gegensätze unüberwindbar und die Liebe zu schwach, dann beginnen sich die Partner voneinander zu lösen. Trennungen werden jedoch selten mit Fanfarenstößen angekündigt, sondern sie erfolgen langsam und etappenweise. Vom Kopf her kann man sich oft nicht eingestehen, dass die Beziehung sich dem Ende zuneigt. Die gemeinsame Vergangenheit verbindet. Man klammert sich an gemeinsame Erinnerungen, Freunde, Tätigkeiten, Ferienreisen, an die Familie, die Sexualität, einen Hausbau oder Wohnungswechsel. Besuche beim Wahrsager oder regelrecht zelebrierte gemeinsame Aktivitäten sind oft fast magische Versuche, der Beziehung wieder Leben einzuhauchen. Der Kopf will nicht zulassen, dass die Zeichen auf Abschied stehen. Wenn jedoch die Liebe zu schwach und die Verletzungen und die Verzweiflung zu groß sind, dann ist Versöhnung schwierig. Trotz aller Anstrengungen, trotz Blumen, schöner Worte und Beteuerungen, dass man doch eigentlich zusammengehört, ist Trennung angesagt. Die Seele gibt durch Fehlleistungen, unpassende Gefühle oder Fantasien kund, dass die Wege sich trennen. Der Mann merkt, dass er im Büro glücklicher ist als zu Hause, oder die Frau spürt, dass sie sich bei einem Kollegen über ihren Freund nur noch beklagt. Solche Vorzeichen werden meistens nicht ernst genommen. Man hat sich in einer Beziehung eingerichtet und möchte das Chaos, das eine Trennung mit sich bringt, verhindern. Und doch zeigen sie oft an, dass die Seele den Rückzug eingeleitet hat.

Streitigkeiten müssen jedoch nicht zur Trennung oder Resignation führen. Die Konfrontation mit den Schatteneigenschaften, die Tabubrüche und der Abschied von der romantischen Liebesbeziehung bedeuten auch eine *Chance*. Nicht alles, was hinter der Maske zum Vorschein kommt, stößt ab. Streitigkeiten bringen auch überraschende, schöne und unkonventionelle Eigenschaften an den Tag. „Ich konnte nicht weinen!", gestand der achtunddreißigjährige Manager. Erst nach heftigen Streitigkeiten mit seiner Freundin war es ihm möglich, seiner Partnerin gegenüber seine eigene tiefe Lebensangst einzugestehen. Die Auseinandersetzungen machten es für ihn möglich, seiner Partnerin gegenüber einzugestehen, dass ihm der frühe Tod seiner Mutter immer noch zu schaffen machte. Unter Tränen schilderte er, wie er sich oft hilflos und schwach fühlt, weil ihn die Mutter verlassen hatte. Solche verborgene Ängste und Gefühle können durch Streit an den Tag kommen. Vor allem bei Männern droht dann die Fassade zusammenzubrechen. Durch solche Diskussionen können sie sich von der Rolle des „Ich habe alles im Griff" lösen und mit den eigenen Gefühlen in Kontakt treten. Durch den Konflikt stehen sich die Partner psychologisch nackt gegenüber. Man lernt sich auf einer anderen, existentiellen Ebene kennen. Gelingt es dem Paar, die Krise zu überwinden, können beide eventuell eine neue, tiefere Liebe zueinander entwickeln, eine Liebe, in die gegenseitige Fremdheiten und Schwächen Platz haben.

Beziehungsabbruch oder Neuanfang?

In Beziehungen sind Streitigkeiten normal. Jedes Paar gerät sich von Zeit zu Zeit in die Haare, wenn der eine dem anderen wichtig ist und wenn man Emotionen und Fantasien zulässt. Solche Auseinandersetzungen können auch nicht immer als besonnene Diskussionen geführt werden. Wenn sich das Paar in den Haaren liegt, dann versagen viele Basisregeln der Kommunikation. Der andere wird schwer erträglich oder bedrohlich. Streit ist jedoch nicht sinnlos. Wir brauchen ihn, um uns in einer Beziehung neu zu orten und die eigenen Erwartungen und Gefühle wahrzunehmen. Streitigkeiten wecken uns auf und stärken unsere Sinne. Entscheidend ist aber, *wie* gestritten wird. Bleiben Respekt und Liebe, oder wird der andere immer mehr verteufelt?

Die vier Phasen der Streits repräsentieren Regressionsschwellen, die in einer Beziehung beschritten werden. Die Phasen des Streits sollten nicht als zeitliche Abfolge gedacht werden, sondern als qualitative Sprünge: Das Paar selbst erlebt den Umgang miteinander anders und hat selber das Gefühl, eine Enthemmung sei eingetreten. Rücksichtsnahmen schwinden und Tabus werden gebrochen. Dem Paar entgleitet zunehmend die Kontrolle über die Auseinandersetzungen. Emotionen und Triebe haben die Führung übernommen. Der Streit ist zu einem Automatismus geworden. Es braucht große Willenanstrengungen, aber auch Zeit und Geduld, um sich dieser Dynamik zu entziehen. Paradoxerweise kommt es in vielen Auseinandersetzungen nicht zu einer Annäherung der Standpunkte, sondern die Streitigkeiten bringen weitere Streitthemen hervor. Ein neues Thema wird in die Beziehung eingeführt und führt zu einer weiteren Entfremdung. Je mehr man sich anschreit und Vorwürfe macht, desto mehr wird der Streit gerechtfertigt. Am Ende ist man gefangen in einem Streitmuster, das jeden konstruktiven Dialog verhindert. Trotz großer Anstrengungen kommt man nicht zu einer Lösung.

Streitigkeiten müssen, wie gesagt, nicht unbedingt eine Trennung einleiten. Obwohl in der Hitze des Gefechtes viele böse Worte ausgetauscht werden und die beiden sich gegenseitig oft ins Pfefferland wünschen, kann ein Paar wieder zusammenfinden. Voraussetzung ist, dass nicht zu viel Porzellan zerschlagen wurde und dass noch ein Funken Liebe übrig ist. Ist dies nicht der Fall, dann wird es wohl zur Trennung kommen.

Für die meisten Menschen sind solche Abschiede bitter. Ein Lebensprojekt bricht zusammen, und man verliert eine geliebte Person. Oft haben Trennungen diverse praktische Konsequenzen. Ist das Paar verheiratet und hat sogar gemeinsame Kinder, dann wird die Trennung noch schwieriger. Es wird unmöglich, unter dem gleichen Dach zu wohnen, doch auszuziehen ist mit großen Kosten verbunden, und von den Kindern will man sich nicht trennen. Männer brechen nach Trennungen oft zusammen, fallen in ein Loch und verstehen die Welt nicht mehr, auch wenn sie der Scheidung oder Trennung vorher ziemlich gelassen gegenüberstanden.[85]

Verletzlichkeit

Wir alle sind verletzlich. Wir tragen Themen mit uns herum, auf die wir sensibel reagieren und bei denen wir jegliche Objektivität verlieren. Vielleicht haben wir das Gefühl, dass wir von unserer Ursprungsfamilie nicht genügend geschätzt werden, nur eine dürftige Ausbildung haben oder von unserer Umgebung ausgenützt werden. Solche offenen Rechnungen machen uns dünnhäutig und beeinflussen unsere Einstellung den Mitmenschen gegenüber. Wir haben unsere Achillesferse, an der uns Pfeile treffen und verwunden können.

Es ist auch eine Illusion, zu glauben, dass wir unsere Verletzlichkeit je überwinden könnten. Sofern wir der Welt auch Liebe entgegenbringen, bleiben wir ein Wesen, auf das andere einwirken können. Verletzlichkeit ist ein Zeichen dafür, dass uns unsere Mitmenschen nicht gleichgültig sind. Es widerspiegelt die. Wenn wir uns von den Widersprüchlichkeiten und Brutalitäten der Welt beeindrucken lassen und leiden, dann ist das auch eine Folge unserer Fähigkeit zur Hingabe an das Leben.

Normalerweise verbergen wir unsere verletzlichen Seiten. Wir flüchten uns in Rollen und Normen, damit wir im Alltag funktionieren. Wir setzen uns eine Maske auf, übernehmen Aufgaben und Pflichten, damit wir von uns selber abgelenkt werden. Die Verletzlichkeiten werden so in den Hintergrund gerückt, und wir geben vor, dass wir alles im Griff haben. Die soziale Maske ist notwendig, damit Konflikte verhindert und Arbeitsabläufe funktionieren. Wir dürfen jedoch nie glauben, dass die Maske uns vollständig schützt. Dank der Maske können wir Probleme verbergen, indem wir uns der Umgebung anpassen. Die Maske schafft die Probleme jedoch nicht aus der Welt. Sie können weiterhin in uns schlummern und im entscheidenden Moment, durch eine Provokation oder anlässlich eines Streits, plötzlich ausbrechen. Plötzlich stehen wir sozusagen nackt vor dem Gegenüber.

Wege aus der Opferfalle

Ob wir die Kraft aufbringen, das Erlebnis des persönlichen Scheiterns zu überwinden, hängt davon ab, wie wir uns selbst verstehen. Die Angriffe, die wir in Auseinandersetzungen erleben, können dazu führen, dass wir uns als Opfer einer feindseligen, verständnislosen Welt empfinden. Die Gefahr bei andauernden Streitigkeiten ist, dass wir in dieser Haltung gefangen bleiben. Viele geschiedene Männer fühlen sich betrogen, weil sie nur noch Alimente zahlen müssen, ohne eine Beziehung zu ihren Kinder pflegen zu können, und manche allein erziehende Frau verharrt in einem Hass auf den Ex-Partner. Streitigkeiten und Trennungen konfrontieren uns mit den Grenzen der menschlichen Möglichkeiten. In ihnen erleben wir das Scheitern des Menschen *an sich* selber. Wir erfahren die Kluft zwischen den eigenen Ansprüchen und den Realitäten des Lebens.

Die Gefahr der Opferhaltung ist jedoch, dass wir uns keine Perspektive mehr geben und dadurch unsere Handlungsfähigkeit verlieren. Wir fordern Gerechtigkeit und erwarten Hilfe. Langsam wird die eigene Verbitterung immer größer, und wir merken nicht, wo wir selber aktiv werden könnten. Diese „Opferfalle" ist die Kehrseite der romantischen Überhöhung unseres Daseins. Anstatt zu realisieren, dass wir nie von den menschlichen Grenzen erlöst werden, pochen wir insgeheim weiterhin auf das Recht auf Glück: Ich hätte eigentlich mehr verdient! Wieso hilft mir niemand?

Die wunderbaren Vorstellungen von Gleichheit, Harmonie, Glück, Selbstverwirklichung sind Bilder, die uns anspornen. Leider lassen sie sich nicht dauerhaft realisieren oder gar institutionell sichern. Sie bleiben flüchtige Momente unseres Seins. Die Kunst ist, die Unvollkommenheit und Widersprüchlichkeit des Menschen anzunehmen, ohne der Resignation oder dem Zynismus zu verfallen. Die wunderbaren Erlebnisse, die wir in der Begegnung zu einem liebenden Menschen erfahren, sind *auch* eine Realität. Und Beziehungen erlösen uns auch nicht von den Widrigkeiten des Lebens, sondern konfrontieren uns tiefer mit den Widersprüchlichkeiten der menschlichen Seele. Dank unserer Beziehungen erfahren wir das Mysterium des Lebens aus der Innen- und Außensicht. Wenn wir eine Beziehung nur als eine Möglichkeit persönlichen Glücks verstehen, dann drohen wir immer wieder enttäuscht zu werden. Beziehungen machen uns nicht immer glücklicher, sie bringen uns jedoch oft seelisch weiter. Dank der Auseinandersetzungen werden wir wacher und können unsere eigene Schwächen und Stärken klarer erkennen.

6
Aufbruch zur Versöhnung

In diesem letzten Kapitel verlassen wir die Verhaltens- und Erlebensebene der Beziehung zwischen den Geschlechtern. Männer und Frauen zeichnen sich auch durch eine große gegenseitige Anziehung und seelische Verbundenheit aus. Die Auseinandersetzungen zwischen den Geschlechtern sollten darum auch von dieser Perspektive aus betrachtet werden. Oft sind die Partner Akteure eines Dramas, dessen Wurzeln in die Tiefe der Seele hinabreichen. Dieses Kapitel versucht zu zeigen, welche Herausforderungen uns damit gestellt werden.

„Als ich sie im Pausenraum sah, schlug es in mich ein wie ein Blitz. Mir war, als ob ich sie schon immer gekannt hätte, ihre Hände, ihre Augen und Bewegungen waren mir vertraut, obwohl ich sie noch nie gesehen hatte. Ich wusste, zwischen uns besteht eine tiefe Verbindung, unsere Seelen sind verwandt."

Diese Sätze erinnern noch einmal daran: Zwischen den Geschlechtern gibt es nicht nur Auseinandersetzungen, Missverständnisse und Streit, sondern auch und in erster Linie sind Männer und Frauen *voneinander fasziniert*. Die Begegnung mit einem Menschen des anderen Geschlechts kann uns innerlich tief treffen und verwandeln. Als Mann erlebt man, dass der Blick, die Worte und die Bewegungen einer Frau magische Kräfte entfalten können, die in den Bann ziehen. Man gerät „aus dem Häuschen" und sucht die Nähe dieser himmlischen Person. Man will sie sehen, spüren und sich mit ihr unterhalten. Frauen fühlen sich zu bestimmten Männern hingezogen, die sie inspirieren und energetisieren. Sie wollen mit ihm verschmelzen, mit ihm das Leben teilen und alles von ihm erfahren. Natürlich erfolgt nicht jede Partnerwahl nach diesen Kriterien, doch Tatsache ist: Eine glückliche Beziehung zu einem Angehörigen des Gegengeschlechts bleibt der Traum der allermeisten Menschen. Wir wollen nicht alleine leben, sondern unser Bett und unser Privatleben mit einer guten Frau oder dem richtigen Mann teilen. Wenige Menschen unterhalten zu einem gleichgeschlechtlichen Freund oder einer gleichgeschlechtlichen Freundin ein derart intensives Verhältnis wie zum gegengeschlechtlichen Partner. Unsere Libido, unsere privaten Fantasien und Wünsche bringen wir in die Beziehung zu einem Angehörigen des Gegengeschlechts ein, selten in die zu der besten Freundin oder dem besten Freund.[86] Wir wollen als Mann eine Frau und als Frau einen Mann ins Zentrum unseres Leben rücken. Die Faszination, die Männer und Frauen füreinander hegen, ist genauso eine Tatsache wie die Unterschiede.

Diese Faszination hat verschiedene Gründe. Aus der Sicht der Evolutionstheorie ist das andere Geschlecht für uns attraktiv, weil wir unseren Fortbestand sichern wollen.[87] Um Nachkommen zu haben, müssen wir uns mit einem Angehörigen des Gegengeschlechts verbinden. Anthropologische Gesetzmäßigkeiten bestimmen die Partnerwahl. Frauen suchen potente, reiche Männer, damit sie ihnen Kinder zeugen und diese anschließend beschützen und ernähren. Männer bevorzugen Frauen mit großen Brüsten und breiten Becken, weil sie auf Nachwuchs spekulieren. Aus darwinistischer Sicht ist der Mann auf der Jagd nach gebärfreudigen, gesunden Frauen. Die Frau, durch Schwangerschaft und Pflege der Kinder unbeweglicher, sucht in einem Mann materielle Sicherheit, Loyalität und Schutz.[88] Frauen reagieren auf Männer mit breiten Schultern, tiefer Stimme und akzentuierten Backenknochen. Das Überleben der Brut muss gesichert werden. Frauen suchen jedoch auch Männer, die gute Väter zu sein versprechen. Feminine Züge bei Männern könnten ein Hinweis sein, dass sie sich auch um die Kinder kümmern werden. Hinter der Faszination, die das Gegengeschlecht ausstrahlt, versteckt sich gemäß dieser Sichtweise das nüchterne Kalkül der Erhaltung der Art. Überspitzt ausgedrückt, spulen wir ein angeborenes Programm ab, wenn uns eine Frau oder ein Mann in Bann zieht. Die Rede von Seelenverwandtschaft ist eine bedauerliche Illusion oder rhetorische Schaumschlägerei.

Obwohl die Biologie einen großen Einfluss auf das Verhalten des Menschen hat und wir unsere Gefühle, Reaktionen, Wahrnehmung und Empfindungen besser entziffern können, wenn wir unsere biologische Ausgangslage reflektieren, greift eine allein darauf beschränkte Betrachtungsweise zu kurz. Es geht nicht nur um den Kampf ums Überleben, sondern die menschliche Motivationsstruktur ist *vielschichtiger*. Wir haben uns als Menschen längst von einer rein biologischen Orientierung verabschiedet. Es gibt auch keinen archimedischen Punkt, von dem aus wir den Menschen objektiv und definitiv verstehen können. Weder die Neurobiologie noch die Soziologie genügt als alleiniger Erklärungsansatz für die Ausstrahlung, die ein Angehöriger des Gegengeschlechts für uns haben kann. Für die meisten Menschen wird eine leidenschaftliche und kompromisslose Hinwendung zum anderen Geschlecht nicht mit dem Hinweis erklärt, dass die entsprechenden neurologischen Prozesse im noradrenergenen Locus-coeruleus-System und cholinergenen basalen Vorderhirn geortet können werden.[89] Es gilt, uns aus verschiedenen Perspektiven zu begreifen. Wir sind weder willensschwache Akteure eines evolutionsbiologischen Programms oder unserer neurobiologischen Systeme noch bloße Produkte von Sozialisationsprozessen. Der Mensch ist ein Wesen mit *inneren Wirklichkeiten*. Unsere Empfindungen, Gefühle und Fantasien haben zwar neurobiologische Korrelate und spiegeln gesellschaftliche Systeme wider, doch gleichzeitig können wir unsere Handlungen auch aus uns selber heraus begreifen. Unsere inneren Wirklichkeiten sind nicht nur Funktionen materieller oder gesellschaftlicher Prozesse, sondern weisen eine gewisse Autonomie auf. Es handelt es sich um *eigenständige, zielgerichtete Kräfte,* die unser Leben mitgestalten wollen. Unsere bewussten Handlungen und Denkakte werden begleitet von Prozessen, die nur wir selbst wahrnehmen. Niemand kann die Träume mit anschauen, in die wir während des Schlafes eintauchen, und niemand hat denselben Einblick in die Gefühle und Fantasien, die im Alltag auf uns eindrängen, wie wir. Dieses innere Geschehen begleitet, kommentiert oder ergänzt unsere Alltagshandlungen, Entscheidungen und Begegnungen. Die Einstellung zu einer Kollegin verändert sich, nachdem wir im Traum auf einer Dschunke im südchinesischen Meer lustvoll mit ihr zusammen gewesen sind. Die Bilder und Gefühle, die von innen herandrängen, beeinflussen unsere Wahrnehmungen und unsere Bewertung der Außenwelt: Der Blick der Freundin verwandelt sich in ein erotisches Erlebnis, oder die Bemerkung eines Kollegen dringt in unser Herz, weil eine innere Bereitschaft uns empfänglich gemacht hat. Wie wir unsere Mitmenschen und die Welt erleben, hängt entscheidend von den Themen, der Dynamik und der Qualität unserer inneren Wirklichkeiten ab.

Wir erleben viele Fantasien, Träume und spontanen Gefühle nicht als Zufälle, reine „Tagesreste“ oder Abfallprodukte von Gehirnprozessen, sondern als Träger von *Botschaften.* Was wir in uns selber wahrnehmen, scheint mit *Bedeutung* versehen zu sein und Sinn zu haben. Wieso habe ich nun zum dritten Mal den Namen einer Kollegin vergessen? Wieso verliere ich das Portemonnaie, das mir mein Freund geschenkt hat? Wieso träume ich, dass mein Bruder von einem cholerischen Philosophen attackiert wird? Was sich von innen andrängt, können wir nicht abschütteln, sondern oft verfolgt es uns, bis wir die Botschaft verstanden haben. Wenn eine Handbewegung einer Kollegin uns nicht mehr aus dem Kopf geht oder eine Beobachtung uns irritiert, dann muss das doch irgendetwas zu bedeuten haben.

Wir suchen in den inneren und äußeren Empfindungen, Gefühlen und Sensationen nach *Bedeutungen.* Die meisten Menschen sind überzeugt, dass eine *autonome Kraft* in ihnen wirkt und bestimmte, ihnen unbekannte Ziele anpeilt. Diese *Psyche* beeinflusst das Denken, die Stimmungen und Wahrnehmung. Sie wird als *eigenständige Wirkkraft* verstanden, die sich nur schlecht rational oder durch unseren Willen beeinflussen lässt. Wir erleben uns als Wesen mit einer Seele, die sich durch Bilder, Gefühle und Empfindungen manifestiert. Als Menschen haben wir die Aufgabe, den Sinn dieses inneren Geschehens zu entschlüsseln. Wir müssen uns verstehen lernen. Die Schlussfolgerungen, die wir aus dieser Innenschau ziehen, gehorchen nicht empirischen Kriterien oder den Gesetzen der Logik, sondern es handelt sich oft um *intuitive Evidenzen*. Plötzlich ist etwas klar, ohne dass wir es uns erklären können. Die Auseinandersetzung mit der Innenwelt produziert zudem Einsichten, die oft quer zum eigenen Leben, der eigenen Geschichte, den physikalischen Gesetzen und gesellschaftlichen Positionen stehen. Wir verlieben uns in einen mittellosen somalischen Asylanten, brechen aus einer gutbürgerlichen, sicheren Beziehung aus oder verzichten auf ein extravagantes Leben als Schauspieler.[90] Die Entscheidungen und Wertungen dieses subjektiven Faktors sind vielfach von außen nicht nachvollziehbar, unlogisch und irrational. Natürlich können wir nachträglich versuchen, sie zu begründen, doch oft handelt es sich um künstliche Erklärungen. Aufgrund des Ringens mit den Mächten unserer Innenwelt kommen wir auch auf neue Ideen oder sind bereit zu Opfern. Wir sprengen die Routine unseres Alltag oder verlassen gewohnte Denkschablonen, weil sich eine neue Einsicht aufdrängt. Wenn wir den Menschen in seinem Handeln, in seinen Entscheidungen und Gefühlen verstehen wollen, dann müssen wir auch diese starke subjektive Einflußgröße respektieren.

Die Geschlechter fühlen sich zueinander hingezogen, weil in der Begegnung mit dem anderen Geschlecht die eigene Innerlichkeit hervorbrechen kann. Durch das andere Geschlecht werden wir mit den Mächten der eigenen Innenwelt konfrontiert. Die Begegnung mit einem gegengeschlechtlichen Gegenüber hallt in der eigenen Seele wider. Plötzlich brechen neue Kräfte hervor, und wir blicken in die Tiefe der eigenen Persönlichkeit. Vielleicht braucht es das Irritierende und zugleich Faszinierende des anderen Geschlechts, damit wir beginnen, uns selber in Frage zu stellen. Wir fühlen uns hingezogen, weil das Gegenüber gleich und doch ganz anders ist. Wir wollen uns miteinander verschmelzen, doch ahnen wir gleichzeitig Unterschiede. Die Geschlechter müssen sich fremd sein, damit sie ihren Seelenbildern nachspüren können und sich das Tor zur eigenen Innenwelt auftut.

Auch aus diesem Grund erzeugt die Begegnung der Geschlechter widersprüchliche und irrationale Signale. Wenn wir uns mit einem Angehörigen des Gegengeschlechts ehrlich auseinander setzen und die inneren Kräfte ernst nehmen, dann werden wir mit Phänomenen konfrontiert, vor denen unser rationales Denken versagt. Es kommt zu *Synchronizitäten, Ahnungen* und *Präkognitionen*. Das Paar erlebt Gleichzeitigkeiten im Handeln oder Denken. Eine Frau nennt ihren Freund in einer SMS spaßeshalber „Indianer“, während dieser just in diesem Moment sich ein Lied von Elton John über Indianer anhört. Man ist überzeugt, ein Ereignis vorauszusehen: Eine Frau träumt von einem Freund mit dem Namen Sebastian. Ein Jahr später verliebt sie sich in einen Mann und findet heraus, dass er nicht Johnny heißt, wie ihn alle nennen, sondern auf den Namen Sebastian getauft wurde. Weil wir im Gegenüber immer auch unsere eigene Psyche vorfinden, unsere Anima oder unseren Animus, werden wir mit den Rätseln der Seele konfrontiert. Frauen projizieren ihren männlichen Seelenanteil, den Animus, auf Männer, und Männer suchen ihren weiblichen Seelenanteil, die Anima, oft in Frauen. Nicht immer bleibt die Begegnung jedoch angenehm. Wir werden auch von unbeherrschbaren und schwierigen Emotionen gequält. Dämonen werden losgelassen und plagen uns. Seelische Begegnungen sind darum für uns oft schwer in den Alltag zu integrieren. Wir fühlen uns zu jemand hingezogen, der gar nicht zu uns passt, oder euphorische Gefühle werden durch negative Emotionen abgelöst. Wir beginnen jemand zu hassen, zu verabscheuen oder bekämpfen sie oder ihn, obwohl wir sie oder ihn vorher geliebt haben. „Nie wieder werde ich mit diesem Arschloch reden! Ich werde ihn bespucken, ihm das Gesicht zerkratzen und ihm eine Bombe den Hals hinunterschieben, dass er zerfetzt wird!", schreit eine Frau ins Telefon, als eine Kollegin den Vorschlag macht, sie solle sich doch mit ihrem Ex-Mann zusammensetzen und die Trennung gütlich regeln. Vergessen sind die vier glücklichen Jahre, die sie mit ihm verbracht hat. Dämonen haben die Herrschaft übernommen. Tiefere Kräfte inszenieren sich.

Archetypische Dramen

Weil unsere inneren Wirklichkeiten mitreden, handelt es sich bei Beziehungen nicht ausschließlich um *persönliche Dramen*. Was wir erleben leitet sich nicht nur von der persönlichen Psychologie und Lebenssituation ab, sondern richtet sich nach einem unbewussten Skript. Da unsere Psyche involviert ist, werden archetypische Dramen oder Tragödien inszeniert. Archetypen sind inhaltlich nicht festgelegte Dispositionen des Verhaltens und Erlebens.[91] Unser Handeln und Denken, unsere Wahrnehmung und unsere Emotionen werden von Mustern beeinflusst, die in der Tiefe unserer Seele lagern. Wir fungieren als Darsteller eines unpersönlichen Schauspiels, das oft nur in losem Zusammenhang mit unserer bewussten Lebenshaltung steht. Eine Gymnasiallehrerin und Mutter stürzt sich in eine abenteuerliche, riskante Liebesaffäre mit einem Kollegen, nachdem ihr Mann sie wiederholt beleidigt hat. Ihre Motive sind ihr selbst nicht klar. Etwas in ihr hat sie getrieben. Vielleicht hat sie sich als Geliebte inszeniert und Emotionen nachgespürt, die in ihrer Seele latent vorhanden waren, will aphroditische oder panische Sexualität ausleben.[92] Ein dreißigjähriger Bibliothekar meint plötzlich, sein Glück bei einer fünfundvierzigjährigen Hostess zu finden. Vom Kopf her glaubt er, dass die Beziehung in einer Katastrophe enden muss, doch es geht nicht anders. Wie die Gymnasiallehrerin folgt er einer unbewussten Dynamik, die stärker ist als sein Wille. Das archetypische Drama wollen wir auch in bestehende Beziehungen einbringen: Eine Frau spürte, wie sich in ihr der Wunsch meldete, von ihrem Partner als Liebesdienerin ausgebeutet zu werden, und ein vierzigjähriger Mann fantasierte immer wieder, als begnadeter Kapitän mit seiner Partnerin das Kap der guten Hoffnung zu umschiffen. Bilder und Fantasien, die wir oft nicht ganz verstehen, drängen in unsere Beziehungen hinein. Vielfach haben sie eine ungeheuere Anziehung, deuten sich in unseren Träumen an und drängen danach, ausgelebt zu werden. Die Rolle, die wir in einer Beziehung einnehmen, ist aus archetypischer Perspektive nicht selbst gewählt.[93] Wenn plötzlich der Kinderwunsch übergroß wird oder wir uns in die Arbeit stürzen, dann haben wir uns vielleicht mit einem Archetyp identifiziert, der durch die Beziehung aktiviert wurde. Der Kontakt mit dem Archetyp verleiht uns Energie und Überzeugungskraft.[94]

Streitigkeiten mit dem Partner oder der Partnerin folgen oft den Mustern archetypischer Dramen.[95] Bei Auseinandersetzungen involvieren sich auch tiefere seelische Schichten. Es geht nicht allein um die bewussten Erklärungen und Begründungen, sondern man verfällt einer unpersönlichen Thematik, die eigentlich mit der Beziehung gar nicht direkt etwas zu tun hat. Als Frau möchte man sich vielleicht als Opfer erleben. Im Streit versucht man dann dieses Thema seinem Mann aufzudrängen. „Du hast mich nie verstanden, sondern stets ausgenützt!“, wird dann zum permanenten Vorwurf, und die Beziehungsgeschichte wird aus dieser Optik heraus interpretiert. Vielleicht sieht man sich jedoch auch als verschmähte Geliebte. Man wünscht sich dann von seinem Partner mehr Verführung, mehr Exzesse und möchte, dass er immer wieder um einen wirbt. Wo sind die regelmäßigen Rosen? Auseinandersetzungen sind auch Ventile für die unpersönlichen, shakespearehaften Dramen, die unsere Psyche ausleben möchte.[96] Je nach Thematik gehen die Auseinandersetzungen in verschiedene Richtungen. Männer inszenieren sich gern als schlaue Trickser, sehen sich als grandiose Welteroberer oder mimen den unverstandenen Helden.[97] Als Trickser versuchen sie bei Streitigkeiten durch neue Vorschläge, überraschende Schachzüge oder Ablenkungsmanöver zu brillieren. „Vergiss den Vorfall von letzter Woche: Nächstes Wochenende lade ich dich nach Paris ein, und alles wird wieder gut!“ Der grandiose Welteroberer wirkt bei Streitigkeiten übermüdet und bringt immer wieder streitferne Themen ein. „Weißt du, in meinem Geschäft muss ich immer wieder durchhalten, auf die Zähne beißen: Das verlange ich jetzt auch von dir!“ Andere Männer gefallen sich in der Rolle des Puer, des Jünglings. Beim Streiten verhalten sich solche Männer fast pubertär und versetzen die Partnerin in die meist ungewollte Rolle der Mutter. Die psychische Verbundenheit, die wir mit einem Partner oder einer Partnerin erleben, hat zur Folge, dass die Interaktionen um eine archetypische Dimension erweitert werden. Selber realisieren wir das nicht, da wir uns auf die konkreten Fragen konzentrieren und nicht realisieren, dass unsere Psyche mit uns ein Drama inszeniert.[98]

Vom Scheitern an der Sinnfrage

Der unbeabsichtigten Überhöhung durch die archetypischen Kräfte, die in Beziehungen hineinwirken, folgt allerdings oft auch eine Ernüchterung. Wir werden in die Banalität des Alltags zurückgeworfen. Wenn das archetypische Drama vorbei ist, dann sind wir frustriert – oder aber erfüllt und für uns glücklich. Wenn sich die Archetypen verabschieden, dann bleiben uns Erinnerungen an eine stürmische, bewegte oder himmlische Zeit. Die Beziehung hat uns durch das Aufbrechen unserer Innerlichkeit mit einem Drama beschenkt, das nicht in diese Welt gehört. Wir haben mit dem Geliebten, dem Mann oder dem Freund eine Geschichte inszeniert, die uns in Kontakt mit undergründigen Dimensionen des Lebens gebracht hat. Der Aufprall auf den Boden der Realität mag hart sein und hinterlässt oft das Gefühl des Scheiterns, doch dürfen wir nicht vergessen, dass deshalb die numinose Dimension, zu der uns unsere Innerlichkeit hinführt, nicht weniger gültig ist.

Eine Beziehung zu einem Menschen, der uns fasziniert und mit dem wir uns verbunden fühlen, ist eine Bereicherung des Lebens. Beziehungen können uns, wie gesagt, in der Tiefe der Seele treffen. Wir fühlen uns wegen der dramatischen und numinosen Momente, die uns eine Beziehung schenkt, mit uns selbst verbunden und in der Welt geortet. Aus diesem Grunde liegt es nahe, die Beziehungfragen mit der Frage nach dem Sinn des Lebens zu verbinden. Wir sehen in einer Beziehung die Antwort auf die Frage, wieso wir überhaupt auf der Welt sind. Der Partner oder die Partnerin wird zu Antwort auf die ewige Frage, was unser individuelles Sein hier auf Erden soll. Die gemeinsamen Erlebnissen, die Hinwendung zu einem anderen Menschen werden zum zentralem Lebensinhalt.

Beziehungen entführen uns in ungeahnte Sphären des Daseins und lassen uns neue Dimensionen unserer Persönlichkeit erfahren. Durch die Begegnung mit einem anderen Menschen, die Auseinandersetzung mit seinem Hintergrund, seinen Komplexen und seiner Vergangenheit können wir seelisch weiterkommen, uns individuieren:[99] Wir erfahren in der Beziehung viel über uns selber, werden mit unserem Schatten konfrontiert und können uns so weiterentwickeln. Die Sinnfrage müssen wir dennoch selber lösen. Wir können die Frage nach dem Grund unseres Daseins und unseres individuellen Lebens nicht über eine Beziehung beantworten. Dazu neigen besonders Frauen. Sie richten sich ganz auf den Partner aus, identifizieren sich mit seinen Zielen, Ideen und Lebensplänen und vergessen, dass *er* nicht die Antwort sein kann. Was man im Leben soll, welche Aufgaben einem zufallen, das muss man selber beantworten. Vielfach rücken die Kinder und die Familie an die Stelle, doch auch sie geben nicht immer die volle Antwort.

Eine gut funktionierende Beziehung bietet die Chance, sich *gemeinsam* auf die Suche nach einer Antwort begeben. Sie ist ein *Mittel,* um zu einer Antwort zu kommen, und nicht die Antwort selber. Wichtig ist, dass nicht der Partner oder die Partnerin im Fokus der Auseinandersetzungen steht, sondern eine *dritte Ebene* eingeführt wird. Es gilt, sich gemeinsam einem existentiellen, religiösen oder spirituellen Thema zu stellen, damit man aus der oft einengenden Ich-Du-Perspektive ausbrechen und sich einer übergeordneten Frage widmen kann. Streitigkeiten bekommen oft eine ganz andere Dynamik, wenn die Interaktionen auch aus einer Perspektive von außen oder von oben interpretiert werden. Die Frage ist dann nicht, wieso man streitet und wer schuld ist, sondern: Was *will* der Streit? Der Streit muss dann nicht als Ausdruck einer gestörten Beziehung verstanden werden, sondern als Ausdruck eines tieferen Szenarios. Durch diese Betrachtungsweise bekommen Auseinandersetzungen von Paaren eine andere Qualität. Der Streit wird nicht reduziert auf das je individuelle Verhalten, sondern kann auch als Ausdruck einer transzendenten Bezogenheit gedeutet werden.

Es gibt verschiedene Möglichkeiten der Konkretisierung. Ein Paar reist regelmäßig nach Indien und besucht einen Aschram. Die hinduistischen Rituale und das Eintauchen in eine fremde Kultur ermöglichen ihnen, sich immer wieder spirituell zu finden und ihrem Leben eine geistig-religiöse Grundlage zu geben. Ein anderes Paar pflegt Hingabe zur Musik. Der gemeinsame Konzertbesuch entführt in andere Sphären und relativiert die sonst mühsamen Auseinandersetzungen. Die Musik ist für sie der Beweis, dass es noch andere Realitäten im Leben gibt als ihr unmittelbares Dasein.

Das Fremde akzepieren

„Ich wachte auf und blickte auf den Mann, der schnarchend neben mir lag. Ich merkte, auch nach neunzehn Ehejahren ist er mir in vielem fremd.“ Wir wollen unseren Partner, unsere Partnerin verstehen, seine Gedanken und Gefühle nachvollziehen. Welches sind seine oder ihre Fantasien, Werte, Ziele und Schwächen? Indem wir uns empathisch verhalten, auf sie oder ihn hören, finden wir mit der Zeit heraus, wer der Mensch wirklich ist, mit dem wir uns verbunden haben. Mit jeder überwundenen Krise wird eine neue Seite der Beziehung aufgeschlagen und eine neue Eigenschaft erkannt. Je länger die Beziehung dauert, desto tiefer und genauer glauben wir das Gegenüber zu kennen. Er oder sie ist uns vertraut. Das Problem ist, dass wir auch mit Eigenschaften konfrontiert werden, die uns auch nach intensiver Beziehungsarbeit fremd bleiben. Nach einer bewältigen Krise rücken wir nicht nur zusammen, sondern wir erkennen auch Persönlichkeitseigenschaft und Verhaltensweisen, die wir weiterhin *nicht* nachvollziehen oder nicht akzeptieren können. Wir stoßen an die Grenzen unserer Toleranz und unseres Verständnisvermögens. In der Beziehung etablieren sich Fremdheiten. Wir entdecken Denkweisen und Einstellungen, die uns trotz allem zuwider sind und bleiben. Wir begreifen nicht, wieso der eigene Ehemann immer wieder Leute durch provokative Bemerkungen vor dem Kopf stoßen muss, sich durch Avancen anderer Frauen geschmeichelt fühlt oder Freude an Pornofilmen hat. Es bleibt uns ein Rätsel, wieso die Partnerin sich immer noch stark an ihrem eigenen Vater orientiert, keinen Humor entwickeln kann oder nicht begreifen will, dass sie einen durch ihre tausend Fragen völlig fertig macht. In jeder Beziehung bleibt ein Restbestand von Fremdheiten. Bei vielen Unverträglichkeiten handelt es sich um Details. Als ordentlicher Mensch verstehen wir die chaotischen Tendenzen der Partnerin nicht, oder eine Ästhetin ist empört, dass ihr Partner sich unsorgfältig kleidet. Schwieriger wird es, wenn die Gefühle gegenseitiger Fremdheit existentielle Themen betreffen. Wieso muss die Partnerin von

Zeit zu Zeit seelisch abstürzen? Wieso spricht mein Mann nicht über sein Innenleben? Wieso entwickelt sie keine religiösen Gefühle? Wir werden mit Seiten konfrontiert, die wir deutlich ablehnen. Das Gegenüber wird einem mit den Jahren nicht nur vertrauter, sondern paradoxerweise gleichzeitig auch fremder. Wenn die Gemeinsamkeiten dafür keinen Ausgleich schaffen, droht der Beziehungsabbruch.

In der ersten Zeit der Beziehung sind diese Auseinandersetzungen oft heftig. Verzweifelt kämpfen wir gegen die partielle Entfremdung an und riskieren, dass wir oder der Partner verletzt werden. Nach Dutzenden von Auseinandersetzungen ziehen manche Paare das ernüchternde Fazit: Hier verstehen wir uns einfach nicht! Wie wir mit diesen Fremdheiten umgehen, ist die eigentliche Herausforderung. In jeder Beziehung gibt es tote Punkte. Es handelt sich um Themen, oder Verhaltensweisen, bei denen wir einfach nicht weiterkommen. Trotz vieler Gespräche oder sogar Paarberatung und Therapien ist keine Einigung möglich. Wenn es nicht zur Trennung kommt oder Resignation einzieht, dann lernen wir vielleicht, die Differenzen zu akzeptieren und nicht als Bedrohung zu erleben. Viele dieser Fremdheiten sind durch grundsätzliche Unterschiede zwischen den Geschlechtern bedingt. Als Frau realisiert man, dass der Mann gar nicht anders kann, als trotzig zu reagieren, wenn man ihm Ratschläge fürs Familienleben unterbreitet. Den Vorschlag, gemeinsam in der Stadt nach einem Geschenk für die Nichte zu suchen, empfindet er Befehl. Es gilt, solche grundsätzlichen Differenzen nicht als Bedrohung oder Beleidigung aufzufassen, sondern als natürliche *Beziehungsdifferenz,* die eventuell sogar die Beziehung bereichern kann.

Fremdheiten zu akzeptieren bedeutet jedoch auch, dem Partner oder der Partnerin einen *eigenen Lebensbereich* einzugestehen. Nicht alles kann man zusammen tun, nicht überall muss man dabei sein, und nicht jedes Thema fordert Übereinstimmung. Der Mann setzt vielleicht grundsätzlich andere erzieherische

Schwerpunkte, und die Frau reflektiert anders über soziale Kontakte. Wichtig ist, dass man dem Partner nicht nur theoretisch andere Persönlichkeitszüge, Positionen und Interessen zugesteht, sondern ihm auch erlaubt, sie zu leben. Disziplinierungsversuche sind fatal, wenn sie Grundverschiedenheiten zwischen den Geschlechtern betreffen. Versuche, diese einzuebnen, wirken sich oft zerstörerisch auf die Beziehung aus und haben Verbitterung oder Rachegedanken zur Folge. Vielleicht ist er richtig, wenn der Partner einmal pro Jahr nach Kuba reist, um einen esoterischen Trommelkurs zu absolvieren, oder wenn man den Partner einfach allein lässt, wenn er wieder mal sein mürrisches Wochenende hat. Wichtig ist der eigene Raum im Haus oder in der Wohnung. Es kann sich um ein Bastel-, Lese- oder Studierzimmer handeln, zu dem man nur selber Zugang hat. Der Respekt vor den Fremdheiten und Verrücktheiten des anderen darf nicht nur eine Worthülse bleiben, sondern sollte Ausdruck einer reifen Haltung sein, die eine Beziehung im Widerspruch möglich macht.

Nicht nur Liebschaft – auch Freundschaft

Beziehungen gehen wir aufgrund von romantischen Liebesgefühlen, archetypischen Übertragungen, Missverständnissen oder sexueller Attraktion ein, manchmal auch aus Vernunft. Die Anfangsszenarien unterscheiden sich jedoch meistens von den Qualitäten, die sich nach Monaten oder Jahren in einer Beziehung entwickeln. Es gilt jedoch die Regel, dass wir der seelischen Dimension nicht ausweichen können. Paarbeziehungen durchlaufen Phasen. Die ersten Selbstbilder, die entworfen werden, sind nicht beständig. Partnerschaften verändert ihren Charakter und werden mit der Zeit auf neue emotionale Grundlagen gestellt. Die Glücks- und Harmonievorstellungen der romantischen Phase werden von realistischeren Gefühlen und Werten abgelöst. Man repräsentiert nicht mehr ein Traumbild füreinander, sondern sieht den jeweiligen Menschen mit seinen Stärken und Schwächen vor sich. Das Resultat der Auseinandersetzungen kann sein, dass die verblendete Zweisamkeit zerbricht und der Partner oder die Partnerin eine neue Rolle im eigenen Leben einnimmt. Die gegenseitige Vertrautheit, das Wissen um die Qualitäten und Grenzen des anderen hat zur Folge, dass er oder sie nicht mehr nur als Liebhaber, Traumfrau oder Traummann gesehen wird, sondern dass gleichzeitig auch freundschaftliche Gefühle wachsen.

Freundschaftliche Beziehungen unterscheiden sich von Liebesbeziehungen. Während es in einer Liebesbeziehung um die Erotik und die Außerordentlichkeit der Zweierbeziehung geht, stehen in einer Freundschaft Werte wie Zuverlässigkeit, Vertrauen und gegenseitige Unterstützung im Vordergrund. Freundschaften sind weniger abhängig von außerordentlichen Momenten der Begegnung, sondern sie befassen sich auch mit den Banalitäten des Alltags. Nicht die gemeinsamen Erlebnisse stehen im Vordergrund, sondern die Bewältigung der Widrigkeiten des Alltags und das Ringen um die richtige Lebensführung. In einer Freundschaft präsentiert man sich in seinen Schwächen und Verletzlichkeiten. Während eine Liebesbeziehung außergewöhnliche Höhepunkte erleben lässt, können wir in einer Freundschaft auch über die Probleme der Steuererklärung oder der Wahl der richtigen Garage reden. Freundschaften haben im Vergleich zu Liebesbeziehungen etwas Nüchternes. Unsere Seele dürstet natürlich auch nach den außerordentlichen Erfahrungen, mit einem eine Liebesbeziehung beschenkt. In einer Freundschaft vermissen wir die wunderbare Dramatik, die emotionalen Höhen und Tiefen, die eine Liebesbeziehung auszeichnet. In unserem Alltag sind jedoch Freundschaften wichtiger. In einer Freundschaft stehen oft nicht die unmittelbaren Qualitäten des anderen im Zentrum, sondern es geht um eine Verbindung, die trotz seiner Schwächen und Widersprüchlichkeiten bestehen bleibt. In einer Freundschaft haben wir die Verrücktheiten und Schwächen des Gegenübers akzeptiert. Die andere Person dient uns weniger als Garant für ein spannendes Leben, sondern er oder sie ist einfach da.

Vielen Paaren gelingt es mit der Zeit, *auch* eine Freundschaftsbeziehung zu entwickeln. Man steht zu seinem Partner oder seiner Partnerin, auch wenn man gewisse Eigenschaften und Verhaltensweisen nicht akzeptieren kann. Freundschaft heißt auch, dass man den anderen in Plänen und Ideen unterstützt, auch wenn sie einem fremd sind.

Freundschaften haben meistens eine längere Dauer als Liebschaften. Sie sind stiller und greifen nicht so dramatisch in den Alltag ein. Im Gegensatz zu Liebesbeziehungen sind sie auch weniger abhängig von Inszenierungen; feurige Briefe, großartige Geschenke oder wunderbare Wochenenden gehören eher in Liebesbeziehungen. Streitigkeiten und Auseinandersetzung haben nicht den gleichen Stellenwert und werden als weniger bedrohlich empfunden, obwohl die Differenzen genauso groß sein können.

Die Kunst in einer Paarbeziehung ist, mit der Zeit *auch* freundschaftliche Gefühle zueinander zu entwickeln. Das Typische der Liebesbeziehung kann trotzdem immer wieder aufleben, aber es ist nicht mehr das tragende Element. Verschwindet es jedoch ganz, dann droht die Gefahr, dass außerordentliche Gefühle außerhalb der Beziehung gesucht werden. Wenige Menschen sind bereit, eine Liebesbeziehung ganz in eine Freundschaft umzuwandeln. Während sich früher vor allem Frauen damit abfinden mussten, dass eine Beziehung sich bestenfalls zu einer Freundschaft entwickelt und sie im Käfig der Ehe eingesperrt wurden, fordern sie heute ihr Recht auf eine kontinuierliche seelische Auseinandersetzung ein. Sie wollen nicht als Inventar enden. Gegengeschlechtliche Freundschaften sind jedoch reich an Tücken. Einerseits ist da die Sexualität, die eine andere Dramatik in die Beziehung einbringt, andererseits die romantischen Bilder und die Sinnfrage. Beziehungen können jedoch auch ein Gefäß für diese archetypischen Themen bleiben. Freundschaftliche Verbundenheit schließt Erotik, Sexualität, numinose Erlebnisse und das Ringen mit der Sinnfrage nicht aus, doch sie sind nicht mehr die alleinigen Inhalte der Beziehung.

Mut zur liebevollen Auseinandersetzung

Beziehungen sind Schwerstarbeit. Wir setzen uns für den Partner ein, reden, unterstützen, streiten mit ihm und regen uns immer wieder auf, wenn er immer wieder die gleichen Fehler macht. Wir entwickeln Vorstellungen, wie es sein sollte und wie er oder sie sich verhalten könnte. Mithilfe unserer Empathie oder eigenem Wissen versteht man den Partner vielleicht sogar besser, als er sich selbst kennt.

Auch wenn sie gut gemeint sind, haben solche Änderungs-Versuche oft fatale Auswirkungen. Sie werden vom anderen nicht als liebevolle Hilfe, sondern als Nacherziehungsprogramm empfunden. Natürlich erneuern wir uns in Beziehungen, entdecken neue Seiten und Verhaltensweisen, doch diese Veränderungen sind nicht steuerbar und geschehen meistens unmerklich. Oft müssen wir den psychologischen Hintergrund kennen, um ein Verhalten zu verstehen. Ein Mann fordert von seiner Frau, dass sie auf das Rauchen verzichtet. Vielleicht reagiert sie jedoch mit ihrem Rauchen auf seinen übertriebenen Ehrgeiz und Perfektionismus. Ihr Rauchen könnte eine Antwort auf seine Kontrollmanie sein. Jedenfalls sollten wir uns hüten, einem Partner allein die Schuld für ein Problem zuzuschieben oder nur von ihm Veränderungen zu fordern. Was wir als Schwierigkeit erleben, ist oft lediglich ein Hinweis auf ein tiefer liegendes Thema. Ein Paar bildet eine psychologische Einheit. Störende Eigenschaften des Partners oder der Partnerin sollten möglichst frühzeitig thematisiert werden. Sie müssen jedoch reflektiert, interpretiert und mit der Beziehungsgeschichte, der archetypischen Konstellation, den Selbst- und Beziehungsbildern in Zusammenhang gesetzt werden. Was wirklich in einer Beziehung abläuft, ist oft beiden schleierhaft. Wenn jemand überzeugt ist, durch das Ausmerzen eines Fehlers beim Partner eine Beziehung zu retten oder zu verbessern, dann ist er oder sie meistens auf dem Holzweg. Der Mensch ist zu komplex, als dass man ihn planmäßig verändern könnte. Auch wenn er oder sie sich scheinbar fügt, meistens baut sich innerlich eine Gegenreaktion auf. Plötzlich verliebt sich die Partnerin in einen anderen Mann, oder der Partner entwickelt eine Allergie. Auseinandersetzungen und Gespräche sind wichtig, doch wir wissen im Voraus, zu welchen Resultaten sie führen und was sie in uns auslösen. Beziehungen sind Nachtmeerfahrten mit unklarem Ziel und kärglichen Navigationshilfen. Sie verlaufen nicht nach festen Schemata. Erst durch die Auseinandersetzung mit dem Partner oder der Partnerin findet man heraus, wohin die Reise führt. Eine echte Beziehung ist auch keine Nebenbeschäftigung, sondern wühlt die eigene Seele immer wieder neu auf. Es gibt keine einfachen Lösungen und keinen Code, durch den die Persönlichkeit des anderen ein für allemal geknackt werden kann. Beziehungen bleibt ein geheimnisvoller Rest, und das Gegenüber kann immer wieder befremden. Nur wenn wir mit den Eigenheiten des Partners zu leben und sie als eine Herausforderung zu verstehen vermögen, können wir auf eine dynamische Beziehung hoffen.

Rituale

Beziehungen haben exklusiven Charakter. Wenn wir mit einem Menschen Intimitäten und Gefühle teilen und eine eigene Geschichte entwickeln, dann ist das zunächst nur unsere Sache. Diese Privatisierung hat zur Folge, dass wir versuchen, die Beziehung aus sich selbst heraus zu verstehen und sie vor Einflüssen der Außenwelt schützen. Wie die Beziehung gestaltet, der Kontakt zu Eltern und Freunden organisiert und Stresssituationen bewältigt werden sollen, das entscheidet man selber und nicht die Umgebung oder gesellschaftliche Normen. Im Extremfall entschwindet das Paar in eine wunderbare Eigenwelt und definiert die Außenwelt als irrelevant. Das Problem dieser Haltung ist, dass es sich letztlich um eine Illusion handelt. Wir sind immer auch eingebettet in unsere Familie, Freundes- und Kollegenkreise, die Gesellschaft. Die Außenwelt und die Familie sprechen immer mit. Viele Paare überschätzen sich. Aber jedes Paar lebt in einem sozio-kulturellen Umfeld, mit dem es vielschichtig verbunden bleibt. Der eigene Schatten, potentielle Aversionen zwischen den Hintergrundsfamilien und die Differenzen zwischen den Geschlechtern sind zu groß, um sie ausschließlich mithilfe der eigenen Möglichkeiten und der eigenen Spontaneität zu bewältigen. Die Dynamik und die Qualitäten einer Beziehung werden nicht nur durch unsere persönlichen Haltungen, privaten Werte und Einstellungen geprägt, sondern *auch* durch gesellschaftliche Regeln und Normen beeinflusst.

Für regelmäßig wiederkehrende gesellschaftliche oder private Herausforderungen entwickeln Kulturen typische Verhaltens- und Reaktionsmuster. Sie dienen der Orientierung. Bei der Begrüßung, einer Geburtstagsfeier, einem Abschied oder einem neuen Kontakt greifen wir auf vertraute Muster zurück. Wir lassen uns leiten durch die Standards unserer Umgebung. Am Morgen begrüßen wir einen Arbeitskollegen mit „guten Morgen" und einem Handschlag, am Schluss eines Kongresses erfolgt der Dank an alle Mitwirkenden, oder am Valentinstag bringen wir der Partnerin einen Blumenstrauß mit. Solche *Rituale* entlasten die Situation, nehmen uns Entscheidungen ab und vermitteln trotzdem persönliche Botschaften. Solche im sozialen Kreis oder sogar privat entwickelten Verhaltensmuster helfen uns, schwierige Situation zu meistern, und dienen uns im Alltag zur Orientierung.[100] Sind wir von Gefühlen oder einem Problem überwältigt, dann dienen uns Rituale als Stütze. Trauerfeierlichkeiten und Vermählungen werden meist rituell begangen. Die Anlass ist zu bedeutend und komplex, um sie ausschließlich privat zu gestalten.

Bei Hochzeiten beispielsweise geht es nicht um eine rein private Angelegenheit, sondern es handelt sich um eine Zusammenführung zweier Familien. Früher war es so, dass die Familien zusammenkamen, sich gegenseitig und die Brautleute begutachteten, Vereinbarungen schlossen, und erst dann wurde gefeiert. Erst ab dem 16. Jahrhundert wurde eine Vermählung mit einer kirchlichen Zeremonie begangen.[101] Eine Eheschließung ist mit verschiedenen Gefahren verbunden. Zwei verschiedenartige „Stämme“ treffen aufeinander. Neben vielen positiven Gefühlen bringen sie einander auch ambivalente Empfindungen entgegen. Die neue Verbindung wird vielleicht auch mit neidvollem oder ängstlichem Blick betrachtet. Schließlich wird ein Stammes- oder Familienmitglied fremden Einflüssen ausgesetzt! Man will wissen, ob es sich um eine vertrauenswürdige, anständige, wohlhabende und gebildete Familie handelt. Bei der Hochzeitfeier steht darum nicht das Paar im Vordergrund, sondern die Begegnung der beiden Familien. Zwei Stämme beschnuppern sich. Die beiden Familien und geladenen Freunde inszenieren ein Psychodrama, damit die eigenen Stärken und Schwächen vorgestellt werden. Problematische Eigenschaften manifestieren sich. Ein Bruder trinkt zu viel und drückt dadurch eine familiäre Suchttendenz aus, ein erfolgreicher Onkel aus Kalifornien steht übermäßig im Zentrum und signalisiert dadurch ein latentes Minderwertigkeitsgefühl, oder eine Familie brilliert durch verbale Brillanz, versteckt jedoch die Gefühle. Das Zusammensitzen, Trinken und Essen ermöglicht den Dämonen der beiden Familien einen kurzen Auftritt. Die beiden Stämme machen sich ein Bild der Stärken, der Tabus und problematischen Seiten der jeweils anderen Familie. Bei Hochzeitsfeiern handelt es sich um Anschluss- und Gewaltpräventionsrituale. Konflikte oder Gewalt zwischen den Familien werden reduziert, weil die Familien miteinander vertraut werden und intuitiv merken, wo man aufpassen muss. Dem Hochzeitspaar erlaubt dies einen Blick auf ihre eigenen Seelenlandschaften, weil viele Familienmitglieder Seiten und Eigenschaften auch des Paares repräsentieren. Durch das Psychodrama der Hochzeit lernt man auch den Partner oder die Partnerin besser kennen.

Rituale gibt es nicht nur für den erweiterten Familienkreis. Im Laufe der Zeit entwickeln Paare für bestimmte Situationen feste Abläufe. Sie lassen sich in ihren Interaktionen von internalisierten Mustern leiten. Diese können die Form des Zusammenseins, die Intensität der Emotionen und oft sogar den Inhalt der Konversation steuern. Unbewusst folgt man einem Skript, das man übernommen oder selber geschaffen hat. Ein Paar lud regelmäßig interessante Menschen in seine wunderbare Jugendstilwohnung ein. Die Gäste schätzten die Bewirtung, die Atmosphäre und die anregenden Gespräche. Vor den Einladungen lagen sich die beiden jedoch regelmäßig in den Haaren. Sie waren sich nicht einig, wen man einladen und wie der Anlass gestaltet werden sollte, und kritisierten sich gegenseitig heftig. Während der Mann der freien Improvisation das Wort redete, plädierte sie für einen wohl vorbereiteten Abend. Meistens schworen sich dann beide, nie mehr solche Anlässe durchzuführen. Am Abend selber versöhnte sich das Paar jedoch wieder. Die Stimmung, der Ideenaustausch und die Dankbarkeit der Gäste ließen sie den vorhergehenden Streit vergessen. Vorbereitung und Einladung hatten sich zu einer ritualisierten Form des Erlebens von Differenzen entwickelt. Animositäten konnten dank diesem Ritual einigermaßen zivilisiert ausgedrückt werden. Ein anderes Paar ritualisierte ein gemeinsames Kunstinteresse und besuchte Vernissagen und Ausstellungen. Regelmäßig regte er sich über den angeblich schlechten Geschmack seiner Partnerin auf, während sie ihn als Snob tituliert, der nur die alten Meister als echte Kunst akzeptiere. Ihre Differenzen im Kunstgeschmack hatten sich ritualisiert. Dank den Debatten über Kunst konnten beide Ambivalenzen und Ärger loswerden und zu dem Partner auf Distanz gehen.

Ritualisierte Verhaltensweisen werden jedoch nicht nur vom Paar generiert oder durch Außengruppen inszeniert. Wir übernehmen auch Rituale, die in unserer Umgebung vorhanden sind. Viele Kulturen bieten Abläufe an, durch die Differenzen zwischen den Geschlechtern ausgedrückt werden. Durch das Ritual beziehen die Männern eine männliche, die Frauen eine weibliche Position und nehmen voneinander Abstand. Im Viktorianischen Zeitalter pflegten sich die Gentlemen in die Raucherzimmer zurückzuziehen, einen Brandy zu trinken und über Politik zu reden. Die Ladies versammelten sich währenddessen im Salon, schwatzen über ihre Themen und tranken einen Sherry. Sowohl in der Kleidung wie auch im Gehabe wurde die Unterschiede zwischen den Geschlechtern betont. In der Schweiz war es früher noch mehr als heute verbreitet, dass die Männer sich nach der Arbeit am Stammtisch versammelten, um Meinungen auszutauschen und dem Bundesrat die Leviten zu lesen, während die Frauen sich beim Einkaufen austauschten. Die Kultur wies den Geschlechtern Rollen und Aufgabenbereiche zu, durch die Unterschiede zwischen den Geschlechtern deutlich wurden. Heute sind solche ritualisierten Abgrenzungen seltener, und selbstverständlich wünscht sich niemand diese starre Geschlechtertrennung zurück. Arbeit, Freizeit und Alltag werden gemeinsam gestaltet. Die Abtrennung der Geschlechterdifferenzen von gesellschaftlichen Rollen und Ritualen führte zu größeren Entfaltungsmöglichkeiten. Vor allem das weibliche Geschlecht wird weniger auf Rollenklischees fixiert und zu bestimmten Aufgaben und Pflichten verdammt.

Paare brauchen trotzdem rituelle Formen der gegenseitigen Abgrenzung und Versöhnung. Wenn die Gesellschaft keine anbietet, dann muss das Paar sie selber finden und pflegen. Zeitweilige Trennungen sollten jedoch nicht nur eine Folge einer persönlichen Entscheidung sein, sondern eingebettet in einen Ablauf, der von der Umgebung mitgetragen wird. Vielleicht trifft sich eine Frau regelmäßig zum Frauentrunk mit einigen Kolleginnen, oder geht der Mann mit Kollegen jeden dritten Sonntag auf eine Radtour oder spielt Boule. Wir brauchen ritualisierte Verhaltensweisen, damit wir uns voneinander abgrenzen und dann wieder begegnen können. Wichtige Begegnungs- und Entfremdungsrituale haben sich bei uns in Zusammenhang mit dem Essen entwickelt. Betreten wir ein vornehmes Restaurant, dann wird uns ein Tisch zugewiesen. Wir müssen brav einem Keller folgen, der uns den Tisch zuweist. Dieser ist natürlich speziell gedeckt und beleuchtet. Von uns wird meistens erwartet, dass wir einen Verhaltens- und Kleidungscode befolgen.

Man trägt kein schmuddeliges T-Shirt, die Beine bleiben unter dem Tisch, und Rülpsen ist ebenso wie ständiges Aufstehen vom Tisch untersagt. Das Ritual gebietet, dass wir eine Zeitlang auf eine Karte starren und durch spezielle Wörter zum Ausdruck bringen, was schlussendlich auf dem Teller landen soll. Wir bekommen nicht einfach zu trinken, sondern die Flüssigkeit wird in einem eigenen Gefäß serviert und unter einem exotischen Namen in der Karte aufgeführt. Getrunken werden darf diese Flüssigkeit nur nach einem komplizierten Entkorkungsritus und einer Begutachtung unter Verwendung ganz bestimmter Wörter. Das Ritual bringt eine leichte Bewusstseintrübung und einen moderaten Kontrollverlust mit sich. Die Zunge lockert sich, und Emotionen sind erlaubt. Unbedachtes, politisch Inkorrektes und sogar leichte Tabubrüche sind möglich. Das Essen in (besseren) Restaurants gehört zu den wenigen Lebensbereichen, die bei uns relativ streng ritualisiert sind. Das Ritual bietet sich dadurch auch als Gefäß für den Austausch von Meinungsdifferenzen, persönliche Botschaften und Gefühlen zwischen den Geschlechtern an.

Die Neue Höflichkeit

Neben Ritualen spielt auch Anstand eine Rolle. Wie die Geschlechter im Alltags- und Berufsleben miteinander umgehen, beeinflusst die Qualität der Beziehung zwischen Männern und Frauen überhaupt. Höflichkeit kann sogar kleinere Konflikte verhindern und erleichtert das Zusammenleben. Wenn der Mann der Frau den Vortritt lässt, ihr der Stuhl zurückt oder ihr in den Mantel hilft, ist dies nicht einfach Machogehabe, sondern drückt symbolisch Respekt aus und beeinflusst die Atmosphäre. Anstand und Höflichkeit sind nicht nur formale Zwänge, sondern sie erleichtern die Auseinandersetzung zwischen den Geschlechtern. Respekt ist die Grundvoraussetzung, um mit der Fremdheit und Andersartigkeit des anderen Geschlechts richtig und gut umzugehen.

Anmerkungen

1 Vgl. die Untersuchungen von T. Fisher an der Ohio State University, zusammengefasst unter dem Titel *Women exposed as the biggest liars about sex* in: *The Times* vom 14.7.2003, S. 9.

2 Vgl. Allan Guggenbühl, *Pubertät – echt ätzend. Gelassen durch die schwierigen Jahre*, Freiburg i. Br. [6]2004.

3 Pierre Bourdieu, *La domination masculine*, Paris 1998.

4 Vgl. Irenäus Eibl-Eibesfeldt, *Liebe und Hass. Zur Naturgeschichte elementarer Verhaltensweisen*, München 1991.

5 U. Pasero, *Gender, Individualität, Diversity*, in: U. Pesero / Ch. Weinbach (Hg.), *Gender Trouble*, Frankfurt a. M. 2003, S. 105–124.

6 A. Fausto-Sterling, *Myths of Gender: Biological Theories about Women and Men*, New York 1985.

7 Vgl. C. Hoff Sommer, *Who Stole Feminism?*, New York 1994.

8 A. und B.Pease, *Why Men Don't Listen – Women Can't Read Maps*, London 1988.

9 R. Gildemeister, *Geschlechtsspezifische Sozialisation. Neuere Beiträge und Perspektiven zur Entstehung des „weiblichen Sozialcharakters"*, in: *Soziale Welt* 39 (1988), S. 486–503.

10 C. Burck / B. Speed, *Gender, Power and Relationships*, London 1995.

11 P. J. Möbius, *Vom physiologischen Schwachsinn des Weibes*, Halle 1900.

12 A. Bandura / K. Bussey, *Social Cognitive Theory of Gender Development and Differentiations*, in: *Psychological Review* 106 (1999), S. 676–713.

13 K. Trettin, *Neuer Ärger mit dem Geschlecht. Kritische Bemerkungen zum Konstruktivismus und Antirealismus in der feministischen Philosophie*, in: E. Waniek / S. Stoller (Hg.), *Verhandlungen des Geschlechts. Zur Konstruktivismusdebatte der Gendertheorie*, Wien 2001, S. 173.

[14] C. Benard / E. Schlafer, *Einsame Cowboys*, München 2000.
[15] S. Faludi, *Die Männer schlagen zurück*, Reinbek bei Hamburg 1993.
[16] C. West / D. Zimmermann, *Doing Gender*, in: *Gender and Society* 1 (1987), S. 125–151.
[17] J. Butler, *Das Unbehagen der Geschlechter*, Frankfurt a. M. 1991.
[18] S. Richter, *Unterschiede in den Schulleistungen von Jungen und Mädchen. Geschlechtspezifische Aspekte des Schriftsprachenerwerbs und ihre Berücksichtigung im Unterricht*, Regensburg 1996.
[19] L. Wirth, *Breaking through the Glass Ceiling*, 2001.
[20] Solche Ideen wurden im Europaparlament diskutiert, nachdem die Ministerin für Beschäftigung und Soziales, Anna Diamantopoulou, entsprechende Forderungen gestellt hatte. Vgl. *International Herald Tribune* vom 23.7.2003, S. 4.
[21] S. Boxer, *One Casualty of the Woman Movement: Feminism*, in: *New York Times* vom 17.12.1997.
[22] S. Baron-Cohen, *The Essential Difference. Men and Women and the Extreme Male Brain*, London 2003, S. 73.
[23] L. S. Gottfredson, *Reconsidering Fairness: A Matter of Social and Ethical Priorities*, in: *Journal of Vacational Behaviour* 29 (1988), S. 379–410.
[24] G. Holden, *Parity as Goal Sparks Bitter Battle*, in: *Science* 289 (2000), S. 380.
[25] E. Janssen-Ebnöther / E. Tobler-Zeltner, *Der Zusammenhang zwischen Geschlecht, Selbstkonzept und Lebensplan bei jungen Erwachsenen*, Lizenziatsarbeit Universität Zürich (1991), zit. in: D. Bischof-Köhler, *Von Natur aus anders. Die Psychologie der Geschlechtsunterschiede*, Stuttgart 2002, S. 340.
[26] A. Mitchell, *UK women Lead the Way on Interdisciplinary Research*, in: *Nature* 397 (1999), S. 282ff.
[27] Bei aller Vorsicht, mit der man solche Prozentangaben bewerten muss.
[28] A. Moir / B. Moir, *Why Men don't Iron.* London 1999, S. 243.
[29] M. E. Spiro, *Gender and Culture. Kibbutz Women Revisited*, Durham 1979.
[30] H. Nickel / U. Schmidt-Denter, *Sozialverhalten von Vorschulkindern*, München 1981.
[31] D. Bischof-Köhler, *Von Natur aus anders. Die Psychologie der Geschlechtsunterschiede*, Stuttgart 2002.
[32] N. Schwartz / M. Stein, *Gender and Soul in Psychotherapy*, Wilmett (Illinois) 1992.

[33] Vgl. Baron-Cohen, *The Essential Difference* (wie Anm. 22), S. 31ff.

[34] Bei Rechenaufgaben und mathematischen Aufgaben, bei denen auch sprachliche Kompetenzen gefordert werden, erbringen Mädchen gleiche bis höhere Resultate. Im mathematischen Denken sind die Resultate der Jungen besser. Vgl. dazu: F. de Waal, *The Ape and the Sushi Master*, Harmondsworth 2001.

[35] F. F. Strayer, *Child Ethology and the Study of Preschool Social Relations*, in: H. C. Foot u. a. (Hg.), *Friendship and Socials Relations in Children*, New York S. 180.

[36] D. G. Perry / A. J. White / L. C. Perry, *Does Early Sex Typing Result From Children's Attempts to Match Their Behaviour to Sex Role Stereotypes?*, in: *Child Development* 55 (1984), S. 2114–2121.

[37] D. C. Geary, *Male, Female. The Evolution of Human Sex Differences*, Washington 1998.

[38] M. Ridley, *Nature via Nurture. Genes, Experience and What Makes us Human*, London 2003.

[39] E. Jung, *Animus und Anima*, Zürich 1967.

[40] D. E. Sandberg, / H. F. L. Meyer-Bahlbeurg, *Variability in Middle Childhood Play Behavior: Effects of Gender, Age and Family Background*, in: *Archives of Sexual Behavior* 23 (1994), S. 645–663.

[41] H. Wolf, *Frauen und Männer in Organisationen und Leitungsfunktionen*, Frankfurt a. M. 2002.

[42] R. Braidotti, *Feminism and Modernity*, in: *Free Inquiry* 1995, 23–29.

[43] S. Lutchmaya / S. Baron-Cohen, *Human Sex Differences in Social and Non-social Looking Preferences at 12 Months of Age*, in: *Infant Behaviour and Development* 25 (2002), S. 319–325.

[44] J. Hall, *Nonverbal Sex Differences: Communication Accuracy and Expressive Style*, Baltimore1984; ders., *Gender Effects in Decoding Nonverbal Cues*, in: *Psychological Bulletin* 85 (1978), S. 845–858.

[45] CS: Credit Suisse, eine Schweizer Großbank.

[46] D. C. Geary, *Male, Female. The Evolution of Human Sex Differences*, Washington 1999, S. 329.

[47] S. Baron-Cohen, *The Essential Difference* (wie Anm. 22), S. 39ff.

[48] Gemeint war, dass er über ein Einkommen von über einer Million Dollar pro Jahr verfügt.

[49] Vgl. A. Guggenbühl, *Wer aus der Reihe tanzt, lebt intensiver*, München 2000.

[50] Vgl. A. Guggenbühl, *Männer, Mythen, Mächte*, Zürich 1999.

[51] Vgl. A. Guggenbühl, *Männer, Mythen, Mächte*, Zürich 1999.

[52] J. Raithel, *Risikobezogenes Verhalten und Geschlechtsrollenorien-*

tierung im Jugendalter, in: *Zeitschrift für Gesundheitspsychologie* 11 (2003), S. 21–28.

53 M. Zuckermann, *Behavioral Expressions and Biosocial Bases of Sensation Seeking*, Cambridge 1994, S. 22–24.

54 Dass Ähnliches auch schon in der Kindheit gilt, zeigt B. N. Rosen, *Gender Differences in Children's Outdoor Play Injuries: A Review and Integration, Clinical Psychology Reviews* 10/2 (1990), 187–205.

55 P. Watzlawick / J. H. Beavin / D. D. Jackson, *Menschliche Kommunikation. Formen, Störungen, Paradoxien*, Bern 2000.

56 S. Baron-Cohen, *The Essential Difference* (wie Anm. 22), S. 86ff.

57 B. A. Shaywitz, S. E. Shaywitz u. a., *Sex Differences in the Functional Organization of the Brain for Language, Nature* 373 (1995), 607; A. Moir / B. Moir, *Why Men don't Iron* (wie Anm. 28), S. 120.

58 J. S. Hyde. / M. C. Linn, *Gender Differences in Verbal Ability: A Meta-Analysis*, in: *Psychological Bulletin* 104 (1988), S. 53–69.

59 K. L. Harasty u. a., *Language Associated Cortical Regions are Proportionally Larger in the Female Brain*, in: *Archives of Neurology*, 54 (1007), S. 171–186.

60 D. Bischof-Köhler, *Von Natur aus anders. Die Psychologie der Geschlechtsunterschiede*, Stuttgart 2002, S. 235ff.

61 D. Tanner, *Du kannst mich einfach nicht verstehen. Warum Frauen und Männer aneinander vorbeireden*, Hamburg 1991.

62 J. Hall, *Nonverbal Sex Differences: Communication Accuracy and Expressive Style*, Baltimore 1984.

63 Vgl. S. Baron-Cohen, *The Essential Difference* (wie Anm. 22), S. 133ff.

64 D. Tannen, *Du kannst mich einfach nicht verstehen* (wie Anm. 61), S. 94ff.

65 D. James / S. Clarke, *Women, Men and Interruptions: A critical Review*, in: D. Tannen (Hg.), *Gender and Conversational Interaction*, London 1993, S. 231–280.

66 R. Simmons, *Odd Girl Out: The Hidden Culture of Aggression in Girls*, New York 2002.

67 A. Leupold, *Liebe und Partnerschaft. Formen der Codierung von Ehen*, in: U. Pasero / Ch. Weinbach (Hg.), *Frauen, Männer, Gender Trouble* (wie Anm. 5), S. 217–274.

68 Vgl. T. M. Devine, *The Scottish Nation*, London 1999.

69 A. Guggenbühl, *Vertrauen in die Fremdheit*, in: Perspectiva, (Hg.), *Sinnlichkeit und Sexualität*, Rheinfelden 1996, S. 147–167.

70 M. L. von Franz, *Shadow and Evil in Fairytales*, Woodstock 1980.

71 N. Etcoll, *Survival of the Prettiest: The Science of Beauty*, New York 2000.
72 D. L. Schacter, *Wir sind Erinnerung. Gedächtnis und Persönlichkeit*, Reinbek bei Hamburg 2001.
73 C. A. Heimer / A. L. Stinchcombe, *Love and Irrationality – It's Got to Be Rational to Love You Because It Makes Me So Happy*, in: *Social Science Information* 19 (1980), S. 697–754.
74 Vgl. J. Hillman, *The Myth of Analysis*, New York 1972.
75 K. Klees, *Partnerschaftliche Familie*, Weinheim 1992.
76 A. Christenson / Ch. Heavey, *Gender Differences in Marital Conflicts*, in: Oskamp, St, & Costanzo M. (Hg.), *Gender Issues in Contemporary Society*, London 1993, S. 113–141.
77 F. D. Fincham / S. R. H. Beach / G. T. Harold / I. N. Osborne, *Marital Satisfaction and Depression: Different Causal Relationsships for Men and Women?*, in: *Psychological Science*, 8 (1997), S. 351–357.
78 Vgl. Ch. Braukhaus / Sassmann / K. Hahlweg, *Erfolgsbedingungen von Partnerschaften*, in: P. Kaiser (Hg.), *Partnerschaften und Paartherapie*, Göttingen 2000.
79 A. Moir / B. Moir, *Why Men don't Iron* (wie Anm. 28), S. 183.
80 K. Black, *Gender Differences in Adolescents' Behaviours During Conflict Resolution Tasks with Best Friends*, in: *Adolesence* 35 (2000), S. 499–512.
81 E. Butzmann, *Geschlechtsspezifisches Streitverhalten*, in: *Familiendynamik* (2003), S. 513–523.
82 Sh. Taylor, *Tend and Befriend Responses to Stress*, in: *Psychological Review* 107 (2000).
83 D. Kimura, *Weibliches und männliches Gehirn*, in: *Spektrum Wissenschaft* 11 (1992), S. 104–113.
84 Vgl. D. L. Schacter, *Wir sind Erinnerung. Gedächtnis und Persönlichkeit*, Reinbek bei Hamburg 2001.
85 Bundesministerium für soziale Sicherheit, *Scheidungsfolgen für Männer*, Wien 2003.
86 Vgl. dazu W. Hollstein, *Potent werden. Das Handbuch für Männer: Liebe, Freundschaft und Sinn des Lebens*, Bern 2001.
87 N. Etcoll, *Survival of the Prettiest: The Science of Beauty*, New York 2000.
88 D. Buss, *The Evolution of Desire*, New York 2003.
89 G. Roth, *Fühlen, Denken, Handeln. Wie das Gehirn das Verhalten steuert*, Frankfurt a. M. 2001, S. 308.

90 Vgl. A. Guggenbühl, *Wer aus der Reihe tanzt, lebt intensiver*, München 2000.

91 C. G. Jung, *Gesammelte Werke*, Bd. 9/1, Olten 1978, § 155.

92 G. Paris, *Aphrodites Wiedergeburt*, Zürich 1990; J. Hillman, *Pan und die natürliche Angst*, Zürich 1995.

93 A. Stevens, *Archetype Revisited: An Updated Natural History of the Self*, London 2002.

94 T. Seifert, *Archetypus und inneres Modell der Welt*, in: *Analytische Psychologie* 6 (1975), S. 294–317.

95 A. Schweizer, *Wir Menschen sind immer in Geschichten verstrickt*, in: *Gorgo. Zeitschrift für archetypische Psychologie und bildhaftes Denken* 33 (1997), S. 27–38.

96 Vgl. H. Bloom, *The Western Canon*, New York 1994, S. 59ff.

97 J. Campbell, *The Hero with a Thousand Faces*, Princeton 1968.

98 R. M. Gray, *Archetypal Explorations: An Integrative Approach to Human Behavior*, London 1996.

99 Vgl. A. Guggenbühl-Craig, *Die Ehe ist tot, lang lebe die Ehe*, Zürich 1982.

100 E. W. Rothenbuhler, *Ritual Communication*, London 1998.

101 W. Hartinger, *Religion und Brauch*, Darmstadt 1992.